Jonathan Briefs

Denk um die Ecke und du willst nie mehr woanders sein

Jonathan Briefs

Denk um die Ecke und du willst nie mehr woanders sein

Die Kunst, sich selbst zu überraschen

Kösel

Leider ließen sich nicht zu allen im Buch aufgeführten Zitaten die Urheber ermitteln. Für entsprechende Hinweise ist der Verlag dankbar.

MIX
Papier aus verantwortungsvollen Quellen
FSC® C014889

Verlagsgruppe Random House FSC® N001967
Das für dieses Buch verwendete FSC®-zertifizierte Papier *EOS* liefert Salzer Papier, St. Pölten, Austria.

Umschlag: Weiß Werkstatt, München
Umschlagmotiv: shutterstock/Lavandaart
Lektorat: Silke Uhlemann, München
Druck und Bindung: Friedrich Pustet GmbH & Co. KG, Regensburg
Printed in Germany
ISBN 978-3-466-31042-5

Weitere Informationen zu diesem Buch und unserem gesamten lieferbaren Programm finden Sie unter
www.koesel.de

»Denk immer daran,
du hast den Bling!«

Für Kian Moll

Die Menschen sind heute viel zu normal. Das heißt, es gibt zu viele Normophaten, also Leute, die so normal sind, dass es wehtut. Und die Political Correctness sorgt dafür, dass es auch inhaltlich so läuft: Meinungsuniformen, wo man nur hinhört. Eigentlich ist ja jeder Mensch außergewöhnlich. Nur die sogenannten Normalen verstecken das hinter diesen Uniformen … Außergewöhnlichkeit sollte man unmittelbar zeigen, um dafür zu sorgen, dass die humane Temperatur unserer Gesellschaft nicht unter den Gefrierpunkt sinkt.

Manfred Lütz

In-halt

Ausgangspunkt und Einleitung oder: »What the hell is right with you?!«

Wenn man nicht sein darf,
was man ist oder wer man gerne wäre, fühlt sich das Leben anstrengend und ziellos an. Aufgewachsen als mittleres von drei Kindern, war ich der erste männliche Nachkomme. Aber nicht wirklich der Sohn, den sich mein Vater gewünscht hatte. Ich war introvertiert und sensibel. Keine Sportskanone und kein Raufbold. Ich spielte mit Mädchen und las gerne Bücher. Aus Schuhkartons baute ich Lofts und richtete sie wie ein Innenarchitekt ein. Für die Barbies meiner Schwester entwarf ich als Designer neue Looks. Mein Leben war ein Abenteuerland aus Neugierde und Fantasie. Kopfkino. Irgendwann warf mich mein Vater aus diesem Paradies. Er versuchte, mich zu einem »richtigen« Mann zu machen. Ich wurde in ein Fußballtor gestellt und abgeschossen. Als ich von der Grundschule auf das Gymnasium wechseln wollte, zog er alle Register, um das zu verhindern. Umsonst. Meine Mutter und eine Freundin setzten sich gegen seinen Willen durch. Endlich eröffnete sich

mir eine neue Welt aus Anregung und Angebot. Ich lernte verstehen, was spannende Kunst und gelungene Kommunikation sein kann. Kultur in Form von Theater und Musik, Film und Literatur wurde mir nahegebracht. Ich musste mich nicht mehr nur selbst auf die Erforschung der Welt begeben. Nein, ich erlebte Inspiration durch einige begeisternde Lehrkräfte und Mitschüler. Förderung und Forderung. Persönlichkeitsentwicklung im besten Sinne. Feedback und persönliches Wachstum waren Tagesprogramm. Meine Neugierde wurde gestillt und wuchs im gleichen Maße. Ich durfte denken, was immer ich wollte. Ich durfte erforschen, was mich interessierte. Ich durfte meine Talente und Fähigkeiten entdecken und entwickeln. Wie ein Schwamm sog ich alles auf. Zum ersten Mal fühlte ich mich lebendig und stark.

Mein Vater versuchte, meine Entwicklung zu verhindern, und war nicht wählerisch bei der Wahl der Mittel. Meine Lust auf neue Welten bezahlte ich mit einer brutalen Entfremdung von ihm. Da lernte ich, ein Sieb zu sein und nicht mehr nur ein Schwamm. »Let your past make you better, not bitter!« Aber es war die Sache wert. Irgendwann war mir klar: »Es geht nicht nur darum, wer man ist. Es geht auch immer darum, wer man sein will.« Das ist mehr, als herauszufinden, wie man tickt, wofür man steht, was einen ausmacht und was einen relevant fühlen lässt. Wir sind mehr als unsere Gene. Persönlichkeit kann man entwickeln und sich so selber erschaffen. Im Rahmen unserer Möglichkeiten ist vieles möglich. Und: Rahmen können gesprengt werden. Ich bin mehr, als ich zu sein glaube. »Das ist alles nur in meinem Kopf«, singt Andreas Bourani. Grenzen existieren nur in meinem Kopf. Der geistige Wachstumsprozess hört nie auf. Die Persönlichkeit ist ein lebenslanges flexibles Konzept der Veränderung. Immer auf der Suche nach den Dingen, die uns Bedeutung und Relevanz fühlen lassen.

Ich habe dann als Einziger unserer Familie studiert. Danach tauchte ich ein in die Theaterwelt als Schauspieler und Regisseur. Das Improtheater eröffnete mir die Welt des Unternehmenstheaters. Ich wurde Kommunikationstrainer und Coach mit einer mir eigenen Mischung aus Tools, Improtheaterwerkzeugen und dem Flow-Konzept. Leistungssportler eröffneten mir durch unsere Zusammenarbeit als Quereinsteiger einen neuen Blick in eine neue fremde Welt. Als Coach und Humorberater setzte ich im Gegenzug wichtige Impulse. Alex Pointner war zehn Jahre Cheftrainer der österreichischen Nationalmannschaft der Skispringer und gilt als erfolgreichster Skisprungtrainer aller Zeiten. Er sagte 2014 anlässlich seines Abschieds zu mir: »Du warst immer eine unglaubliche Bereicherung unseres Wirkens. Und wirst es auch in Zukunft bleiben!«

Ich sehe mich als »Möglich-Macher«. Als »Visions-Arbeiter«. Als Regisseur habe ich immer schon Menschen dabei unterstützt, ihre Ideen auf die Bühne zu bringen. Genauso mache ich das auch heute noch bei den Coachings oder im Teambuilding. Das treibt mich bis zum heutigen Tag an. Menschen zu befähigen und zu ermutigen, ihre Visionen von sich auf die Bühne des Lebens zu bringen. Die Realisierung der »Ich-Projekte«.

Dann entschloss ich mich auch noch, Autor sein zu wollen. Und Vortragsredner, der mit anderen seine Erfahrungen und sein Wissen teilt, um zu inspirieren. Der Schritt vom Lernenden zum Lehrenden. Man kann sein, was und wer man will. Immer noch. Und immer wieder. Eigenwillig, gegen alle Konventionen. Hat Erfolg eine Deadline? Spielt das Alter eine Rolle, wenn es um ein »Ich-Projekt« geht? Nein. Ich bin der lebende Beweis. Bis heute. Aber nur, wenn man bereit ist, auch den Preis dafür zu zahlen. Alles hat seinen Preis.

Manchmal frage ich mich, was das Kind, das ich einmal war, über den Menschen denken würde, der ich jetzt bin. Ich hoffe, es wäre stolz auf mich. »I'm difficult, but I promise I'm worth it!«

Was hat ein »Ich-Projekt« mit Crowdfunding zu tun?

Ein »Ich-Projekt« ist eine Art Metapher für den gelungenen Umgang mit sich selbst. Es geht darum herauszufinden, was einen die eigene Relevanz und Bedeutung spüren lässt. Wodurch das geschieht und wie man es erreicht. Das hat nichts mit Egozentrik oder Selbstverliebtheit zu tun. Im Fokus steht das gesunde Selbstwertgefühl. Dafür muss man nicht immer im Mittelpunkt stehen, sitzen ist auch okay.

Hinter einem »Ich-Projekt« steht eine ganze Welt. Dahinter verbirgt sich eine Haltung zum Leben, eine Überzeugung, ein Standpunkt. Es geht darum, für etwas zu sein. Das hat eine positive Anziehungskraft. Eine Art Magnetismus, der uns in Bewegung bringt und überraschende Lösungswege kreieren lässt. So kommen wir leichter auf neue Gedanken und frische Ideen. Innovative Konzepte für unsere Zukunft. Als »Ich-Projekt« finde ich mich nicht mehr länger mit dem sogenannten Status quo ab. Es geht um die Freude an der Veränderung. Nur wenn man es wagt, Regeln zu brechen und neue Lösungswege zu entwickeln, erreicht man eine bessere Lebensqualität. Dazu braucht es nichts anderes als den Mut, aus Worten Taten werden zu lassen. Hilfreich ist dafür die Konzentration auf die Dinge, die uns bedeutsam fühlen lassen. Dann betreten wir einen neuen Raum für das Machbare. Es geht also auch um mehr Spaß. Mehr konstruktive Energie. Was auch immer das »Ich-Projekt« für den Einzelnen bedeutet, es geht dabei immer um das, was uns für den Moment relevant fühlen lässt. Es scheint richtig und wichtig im selben Augenblick.

»Ich-Projekte« sind inspirierend, aufregend und immer neu und anders. Aus Chaos wird Schönheit. Aus Krach eine schöne Musik. Aus einem Gefängnis ein Platz in den Wolken. Couragiertes Denken in »Ich-Projekten« verändert unser Leben zum Besseren. Und die Welt gleich mit. Finden wir uns nicht länger ab, sondern werden wir aktiv aus Liebe zum Leben. Cat Ballou, eine Kölner Band, erweitert den Begriff in einem neuen Song: »Liebe das Leben und lebe die Liebe!«

In einem
Ich-Projekt
aufzugehen
ist ein Glück.
In einem
Ich-Projekt
unterzugehen
ein Unglück.

Wenn man sein »Ich-Projekt« ernst nehmen kann, ist der Gedanke, dieses »Projekt« so wie ein Crowdfunding-Projekt anzugehen, naheliegend. Logisch und besonders in einem Atemzug. Deshalb vergleiche ich mein »Ich-Projekt-Coaching« gerne mit der Methode des Crowdfundings. Beim Crowdfunding geht es darum, ein Projekt an den Start zu bringen, Unterstützung und Ressourcen zu sammeln und realistische Rahmenbedingungen für dieses Projekt zu entwickeln, um es umsetzen zu können. Zunächst gilt es also, das Projekt öffentlich zu machen, um Unterstützer und Unterstützung zu mobilisieren. Dann geht es im nächsten Schritt und in aller Konsequenz um die Realisierung. Bei Abschluss des Projekts revanchiert man sich bei sich und/oder den Unterstützern mit vorab verabredeten Dankeschöns.

Ähnlich geht ein Visionsarbeiter wie ich vor mit Menschen, die ein »Ich-Projekt« starten wollen. Das Crowdfunding scheint mir ein zeitgemäßes, griffiges und vergleichbares Prinzip für die Arbeit mit Menschen in »Ich-Projekten«.

Im Grunde sind die Schritte von der Idee bis zur Umsetzung fast identisch. Es geht um die Entwicklung und die Realisierung eines Projekts, hier also das »Ich-Projekt«. Vordenker entwickeln eine Idee für eine Veränderung. Oder eine Lösung für ein Problem. Eine Idee also. Dann geht es um die konkrete »Ich-Projekt«-Beschreibung. Was ist die Besonderheit? Was ist der Unterschied zu früher? Warum will man es unbedingt realisieren? Alles Aspekte, die im Crowdfunding eine ebenso wichtige Rolle spielen. Vor allem bei der Erstellung eines sogenannten Crowdfunding-Pitch-Videos dienen diese Überlegungen als Grundlage. In der Video-Präsentation wird das Projekt in wenigen Minuten vorgestellt und soll durch seine authentische Darstellung ein Gefühl für die Idee vermitteln und Lust auf eine Unterstützung machen.

Nun drehe ich kein Video mit den Menschen, aber die Fragen und Gedanken auf dem Weg dahin sind interessant und durchaus übertragbar. Was ist die Geschichte hinter dem »Ich-Projekt»? Worum geht es genau? Wie ist man auf die Idee gekommen? Warum gerade dieses »Ich-Projekt«? Wozu braucht man welche Unterstützung? Wie kann man sich selbst dafür begeistern und in Bewegung bringen? Und vielleicht Unterstützer finden, die Teil des »Ich-Projekts« werden wollen? Auf welche Ressourcen kann ich zurückgreifen? Wo finde ich sie? Wie sieht die konkrete Strategie zur Zielerreichung aus? Bei diesem Denkprozess entwickelt man Klarheit über den Anfang und das Ende des »Ich-Projekts«. Das spielt für das Gelingen eine entscheidende Rolle. Der Perspektivwechsel auf die Sicht eines möglichen Unterstützers hilft außerdem immens, um eine konkrete Utopie zu entwickeln. Hier werden oft der tatsächliche Bedarf und der wirkliche Nutzen deutlich. Sie werden ein »Ich-Projekt« zum Leben erwecken, wenn Sie wirklich herausgefunden haben, was Sie genau wollen und brauchen. Und woher und wie Sie es bekommen. Erst dann können Sie sich selbst begeistern und andere gleich mit. Ich nenne das gerne beim Coaching den Reality-Check einer Idee.

Beim Crowdfunding geht es immer auch darum, durch Sichtbarkeit in unterschiedlichster Form bei potentiellen Unterstützern Interesse zu wecken. Sichtbarkeit ist ein oft unterschätztes, aber zentrales Thema. Denn »Anonymität tötet Kreativität«, so Barbara Sher. Suchen Sie mit Lust und guter Laune ein Podium für Ihr »Ich-Projekt«. Verführen Sie sich zum Tun, dann handeln vielleicht auch andere, wenn es nötig ist. Gewonnene Unterstützer beteiligen Sie dann bei Bedarf am Prozess der Realisation. Dafür bekommen diese bei Erreichen des Ziels ein Dankeschön. Das größte Präsent für einen »Ich-Projekt«-Umsetzer ist natürlich die Zielerreichung selbst. Erfolge soll man feiern. Auch kleine. Beim Crowdfunding gilt das Geben- und Nehmen-Prinzip. Sicher auch für die Verwirklichung des »Ich-Projekts« ein Muss. Wer teilt, gewinnt. Eine große Rolle spielt im Crowdfunding auch das Alles-oder-Nichts-Prinzip. Das bedeutet: Die tatsächliche Unterstützung erfolgt wirklich nur dann, wenn das Go für das Projekt gegeben werden kann. Also dann, wenn die notwendigen Rahmenbedingungen als erste Etappe auch geschaffen wurden. Das produziert Zugzwang in der frühen Umsetzung. Wurde das erste Zwischenziel verpasst und das Projekt scheitert im Anfangsstadium, sollte man nicht lange mit sich hadern. Dann gilt es, das hoffentlich vorhandene Feedback auszuwerten, daraus zu lernen und vielleicht nochmal neu zu starten. Oder ein ganz anderes neues Projekt zu entwickeln. Ein Blick auf die Erfolgsstrategie von geglückten »Ich-Projekten« macht ebenfalls Sinn. Warum Fehler wiederholen, die andere schon gemacht haben?

In den folgenden Kapiteln wird es um die Grundlagen für das Gelingen von »Ich-Projekten« gehen. Diese Aspekte versetzen Sie möglicherweise in die Lage, ein »Ich-Projekt« in Eigenregie zu verwirklichen. Vorsicht, Ziele drohen in Reichweite zu kommen.

Wer wagt, gewinnt

Ich bin kein Klugscheißer, ich weiß es wirklich besser!

Wenn jemand seine Meinung kundtut, gilt er schnell als Klugscheißer oder Besserwisser. Aber warum nur? Sich eine Meinung zu bilden ist anstrengend. Und sich eine Meinung zu erlauben ist auch nicht von schlechten Eltern. Im Gegenteil. Sie zu äußern kann allerdings Folgen haben. Von wegen Recht auf Meinungsvielfalt. Konsequenzen können Streit, Missgunst und Isolation sein. Wenn Sie es »richtig« anstellen, gelten Sie irgendwann als Party-Crasher. Geburtstagsfeste und Familienfeiern finden ohne Sie statt und Firmenjubiläen kommen ohne Sie aus – die einzigen Einladungen, die Sie noch erreichen, sind die zu Beerdigungen.

Spaß beiseite. Das stimmt natürlich nicht. Was ich damit sagen möchte, ist, dass es Luxus und Arbeit ist, sich eine eigene Meinung zu leisten. Denn eine Meinung zeugt von einer Haltung. Einer Art innerer Instanz, die Bewertung und Zeugnis ablegt. Wenige trauen sich das. Denn die persönliche »Wahrheit« kann unbequem sein und aus Freunden und Kollegen plötzlich Feinde machen. Der Slalomstar Felix Neureuther ist ein Freund klarer Worte. Sei es in Hinsicht auf die Änderung von Regeln innerhalb seines Skisports oder auch bezüglich der Menschenrechtspolitik des Olympia-Gastgebers Russland. Wenn er etwas für Unsinn oder Willkür erachtet und es seinem Gerechtigkeitsgefühl widerstrebt, meldet er sich zu Wort. Und beweist damit Charakter. Echte Prototypen haben Ecken und Kanten. Auch wenn das seinen Preis hat. Über den Verlust mancher Kontakte ist man auch nicht wirklich unglücklich, oder?

Im Grunde geht es nur darum zu formulieren, wie man die Welt sieht. Ohne Anspruch auf Allgemeingültigkeit und Absolutheit. Sie sind ja nicht der Papst oder gar Gott. Oder der Nabel der Welt. Doch dies wird schnell vergessen. Kennen Sie den schönen Ausspruch: »Jeder von uns zeichnet seine eigene Landkarte von einem Gebiet.« Das bedeutet nichts anderes, als dass jeder von uns seine subjektiven Erfahrungen und sein Wissen auf individuelle Weise verarbeitet. Die persönliche Landkarte kann niemals objektiv und neutral ein Gebiet darstellen und nachzeichnen. Sie ist nur eine Variante des Gesehenen aus der jeweils individuellen Perspektive eines Einzelnen. Da kann es zu Irritationen kommen, weil es keine zwei identischen Karten gibt. Karl Valentin hat schon festgestellt, dass es immer drei Seiten einer Sache gibt: »Die positive, die negative und die komische!« Es gibt allerdings nichts Anstrengenderes als Menschen, die einen dazu zwingen wollen, ihre eigene Landkarte als *die* allgemeingültige zu akzeptieren und als das absolute »Nonplusultra« widerspruchslos hinzunehmen. Da ist Flucht angesagt. Das sind Meinungsdiktatoren. Und Diktatoren sind keine freundlichen Exemplare.

»Die meisten Menschen sind andere Menschen. Ihre Gedanken sind Gedanken anderer, ihre Leben Nachahmungen, ihre Leidenschaften nur Zitate«, sagte schon Oscar Wilde.

Wofür stehen Sie? Was ist Ihre Meinung? Wie lautet Ihr Standpunkt?

Standpunkte sind so unterschiedlich wie die Wolken am Himmel. Oder die High Heels im Schrank. Oder die Sneaker.

Es gibt den 08/15-Standpunkt. Durchschnittsware. Den Mainstream-Standpunkt. Alle nehmen ihn ein. Den eigenen individuellen Standpunkt. Hausgemacht und Kopfarbeit. Den mehrheitsfähigen Konsens-Standpunkt. Politikermachart. Den Minderheiten-Standpunkt. Limited Edition.

Aber wer hat recht? Gibt es *den* richtigen allein glückselig machenden Standpunkt? Kann man den einnehmen wie eine Pille, die alle Probleme in Luft und gute Laune auflöst?

Und ist die eigene Haltung immer die einzig richtige? Schön wärs. Oder ist sie grundsätzlich immer falsch? Das wirkt hin und wieder so, wenn man die hektischen Reaktionen und das Geschrei als Maßstab nimmt.

Ist das überhaupt wichtig? Wer entscheidet eigentlich, welcher Standpunkt auf der richtigen Seite steht? Ist das nicht immer eine Frage der Perspektive? Eins kann man jedenfalls klar sagen: Es gibt nicht *den* richtigen Standpunkt.

Welcher Standpunkt richtig ist, hängt nur davon ab, wer darüber entscheidet. Der »richtige« Standpunkt ist oft eine Machtfrage. Die Macht bestimmt das Bewusstsein. Leider. Aber wer die Macht hat, hat nicht automatisch immer recht. Vor allem nicht, wenn ihn die Zeit überholt. Denn eins hat die Geschichte der Menschheit bewiesen: Entwicklung und Innovation sind immer das Ergebnis einer individuellen

Perspektive. Fortschritt entsteht aus einer Haltung, die anfangs nur von sehr wenigen geteilt wird.

Jan Böklov ist einer der Sportler, der das Skispringen revolutionierte. Einen genialen Coup kann man natürlich versuchen zu planen, doch meistens entstehen die besten Ideen durch einen Zufall. Wie beim Schweden Jan Boklöv, der mit einer damals seltsamen Technik das Skispringen in die Zukunft katapultierte. Als 20-jähriger Schanzenjäger hat er 1987 den V-Stil für sich entdeckt, als ihn eine böse Windböe bei einem Trainingssprung in Falun in Schweden ärgerte. Um nicht aus dem Himmel zu fallen, spreizte er intuitiv die Skier und erlebte ein noch nie da gewesenes Fluggefühl: den Traum vom Fliegen! »Ich spürte sofort, dass man mit diesem Stil besser auf dem Luftpolster liegt!«, sagte der Schwede, nachdem er den V-Stil noch ein paarmal ausprobiert hatte. Es verging ein Jahr, dann kam Boklöv mit seiner Erfindung auch auf die internationalen Schanzen und in die Wettbewerbe. Eiskalter Wind schlug ihm entgegen. Punktrichter und Funktionäre lehnten den V-Stil als »unästhetisch« ab. Boklöv galt als unfreiwillig komischer »Clownfrosch« und wurde als der »Scheren-Springer« belächelt. Regelmäßig wurden ihm für seinen ungewöhnlichen Stil drei Punkte in der Haltungsnote abgezogen. Aber er ließ sich nicht entmutigen. Er sprang immer weiter und dann geschah die Sensation. Der Weltcup-Sieg in Lake Placid vor 25 Jahren. Das war der Wendepunkt. Boklöv perfektionierte seine Erfindung, diverse Stürze und Schulterbrüche pflasterten dabei seinen Weg. Das aber demotivierte ihn nicht. Er kam immer besser und stärker zurück. Er übertraf die Parallel-Stil-Springer mittlerweile um einige Meter. Fünf Weltcup-Siege gelangen ihm 1988/89. Am Ende der Saison stand der fulminante Gesamtsieg. Noch lange debattierten die Funktionäre über den »Bruch der Traditionen«. Im Jahr 1992 wurde der neue Stil zum ersten Mal nicht mehr negativ bewertet. Alle Sportler begannen die Technik zu kopieren. »Ich habe es nicht für die Welt getan. Ich habe es für mich getan und die Welt ist mir gefolgt!«, sagte der heute in Falun lebende Erzieher nach seiner Skisprungkarriere.

Was zeigt uns diese Geschichte? Erst die eigene Sichtweise macht Neues möglich. Etwas, das es vorher noch nicht gab.

Und woran erkenne ich das Neue? Das »Andere« spürt man sofort. Neugierde entsteht und das Gefühl von Irritation. Manche nennen das auch Bauchgefühl. Eine Art Lampenfieber. Ist etwas anders, mögen wir es oft auch nicht besonders. Zumindest auf den ersten Blick. Meistens. Das liegt daran, dass es uns nicht gelingt, das Neue auf Anhieb einzuordnen oder mit anderem zu vergleichen. Es bleibt das Fremde. So wie es in vielen Dörfern in den Bergen immer noch »Fremdenzimmer« gibt und kaum »Gästezimmer«. Gäste wären willkommen, Fremde bleiben vorsichtshalber erst einmal außen vor. Manchmal ist es wirklich anstrengend, etwas zu entschlüsseln und kennenzulernen. Das braucht Neugierde und Geduld. Toleranz ist gefragt. Und geistige Flexibilität. Das Neue muss nicht automatisch eine Bedrohung sein. Man kann Neues oder Fremdes, also auch Außerirdische, als Feinde betrachten oder als Freunde. Das hat uns zumindest Hollywood gezeigt.

Erinnern Sie sich an die »Unheimliche Begegnung der Dritten Art« oder »E.T.«? Die Konsequenz aus der jeweils herrschenden Einstellung ist immer eindeutig und bekannt.

Der steinige Weg zum Verständnis des Anderen lässt uns oft erst den Genuss daran entwickeln. Wir sind auf Umwegen dankenswerterweise auf den Trichter gekommen. Die

Belohnung ist dann die neue Erkenntnis. Allerdings ist es nicht zwingend, das Neue auch tatsächlich gut zu finden. Aber Sie haben sich dazu einen Standpunkt erarbeitet. Eine eigene Einschätzung der Dinge. Sie können sich jetzt ein Urteil erlauben. Zustimmung. Ablehnung. Gleichgültigkeit. Neutralität. Die Wahl der Wahl.

Die Lieblingsliste

Erstellen Sie eine Liste mit Dingen, die Sie anfangs nicht leiden konnten, um sie dann später um so mehr zu lieben.
Was ist in der Zwischenzeit passiert?
Das menschliche Gehirn ist eine sogenannte Problemlösungsmaschine. Sie liefern gerade den Beweis dafür.

Nicht immer glückt das Experiment des Neuen. Sei es, dass Sie Kochrezepte ausprobieren, auf Buchempfehlungen hören oder Leinenanzüge testen. Risiko ist immer Teil des Programms. Doch die Rückschläge werden durch die Erfolge aufgehoben. Davon bin ich überzeugt. Immer einmal mehr ausprobieren, als müde auf dem Sofa liegen zu bleiben und bei neuen Angeboten auf Durchzug zu stellen. Dann sind Sie auf der Überholspur. Dazu muss man allerdings die Spur wechseln.

Manchmal kann man mit seinem Standpunkt keine Punkte sammeln. Wir halten uns ja auch gerade nicht in Supermärkten auf, wo man allerorts Treuepunkte bekommt. Es hagelt Kritik, Missstimmung oder sogar Denkverbote. Ist die Denkweise deswegen weniger richtig? Wie oft haben

Sie schon mal auf das falsche Pferd gesetzt? Versuch und Irrtum gehören zum Tagesgeschäft. Doch vielleicht haben Sie gar nicht falsch gewettet, sondern richtig! Es weiß nur noch keiner.

Liegen Sie mit Ihrer Ansicht total daneben und sind die Menschen, die das beurteilen, zwangsläufig im Recht? Es kann den Anschein haben. Doch manchmal gibt einem die Zeit recht. Man befindet sich plötzlich wider Erwarten doch auf der richtigen Seite wieder. Aber waren die anderen damals dann schon im Unrecht? Und haben es auch gewusst? Der Wind dreht sich. Immer. Für die damaligen Zeiten galt wahrscheinlich eine andere geistige Währung. Der Mehrheits-Konsens, der jeweils gerade aktuell gilt, ist das Kriterium der Macht.

D-Mark oder Euro? Erinnern Sie sich an die Debatten? Der Mensch ist ein Konsens-Wesen. Wir sind Herdentiere und folgen gerne einem Meinungsführer. Das stiftet für viele Sicherheit und Identität. Leider. Es gibt Ausnahmen. Sie sind vielleicht eine. Wenn wir in der glücklichen Lage sind, eine eigene neue Perspektive einzunehmen, dann können wir vielleicht Vordenker sein. Wenn es uns dann noch gelingt, mit Courage diese unsere Sichtweise auch gegen alle Widerstände durchzuhalten, ist das ein großes Geschenk. Für uns selbst und für die Gesellschaft. So sehen am Ende die wahren Sieger aus. Überlebenskünstler im Meinungsnotstandsgebiet werden dringend gebraucht. Vielredner und Nichtssager gibt es genug. Wenn Sie also etwas zu sagen haben, wenn Sie darauf brennen, Position zu beziehen, eine Meinung zu formulieren, halten Sie sich nicht zurück. Machen Sie den Mund auf. Sie sind der beste Verkäufer Ihrer Weltsicht. Sollten Sie allerdings aus lauter Angst keinen geraden Satz herausbekommen, geschweige denn einen Ton, dann liegt es möglicherweise daran, dass das Thema doch nicht so wichtig für Sie ist. Oder Sie sich dadurch nicht wirklich relevant fühlen.

Haltung verschafft Überzeugungskraft. Sie und Ihre innere Haltung sind das beste Argument. Beziehen Sie Stellung. Kommen Sie auf den Punkt, entschlossen und geradeaus, so weit, wie es Ihnen möglich ist. Machen Sie schon! Sagen Sie den Autoritäten Ihre Meinung, nur so behalten Sie Oberwasser. Wer schweigt, wenn es einer Stellungnahme bedarf, versündigt sich an der Gesellschaft. Und an sich selbst. So werden wahrscheinlich Feiglinge geboren. Es geht hin und wieder darum, subversiv gegen die »Mächtigen« und die herrschenden Allgemeinplätze vorzugehen. Wir sind im besten Fall argumentativ gut ausgerüstete Provokateure voller guter Sichtweisen und somit überzeugender Gegenentwurf zur Kultur des alternativlosen Machtwortes. Geben wir der Innovation und dem Fortschritt unsere einzigartige Stimme. Solo anstatt Chor heißt es dann. Im Einsatz für den persönlichen Fingerabdruck.

Was aber nicht bedeutet, dass es nicht doch manchmal Sinn macht, hin und wieder Kreide zu fressen und die Schleimspur zu benutzen. Alles eine Frage des Timings, der Situation und der Taktik. Sie haben die Wahl. Meistens.

»Be the type of person you want to meet!«

Pirat der Lüfte:
Der Skispringer Gregor Schlierenzauer

Gregor Schlierenzauer ist mit seinen 25 Jahren so erfolgreich im Skispringen wie niemand zuvor. Heute schon ist er eine Legende des Wintersports. Allein die Einzel-Olympiamedaille fehlt ihm noch in seiner Sammlung. Auch 2014 in Moskau hat es nicht geklappt. Im Gegenteil. Er errang den elften Platz.

Gregor Schlierenzauer ist es immens wichtig, als Mensch und nicht als Maschine wahrgenommen zu werden. Gerade im Moment der Niederlage und der Enttäuschung. In diesen seltenen Augenblicken reagiert Schlierenzauer sehr empfindsam. Wie eine Auster macht er zu und gilt dann als »Diva« des Skisports. Wenn das Selbstbild Schrammen bekommt, dann wirkt er hochsensibel und schwer ansprechbar. Jedenfalls für Fremde: Reporter, Fans, Sponsoren. Eine ganz natürliche Reaktion. Auf Schonzeit hat jeder ein Recht. Auch ein Hochleistungssportler. Doch schon immer zog Gregor Schlierenzauer den Unmut und die Wut der Weltpresse und der Konkurrenz auf sich. Denn er ist einer, der seine Sicht der Dinge, bezogen auf den Sport, ohne Umschweife kundtut. Er kritisiert den ÖSV (Österreichischer Skiverband), die FIS (Fédération Internationale de Ski) und den Olympischen Sportbund, wenn diese mal wieder an den Regeln herumdoktern oder verschlimmbessern ohne Rücksicht auf das Publikum, den Sport und die Sportler. Er spricht von der »Verkomplizierung« des Sports. Vom Verlust der Attraktivität durch zu komplexe und undurchschaubare und kaum nachvollziehbare Platzierungsberechnungen. Zum Beispiel. Es gibt eine Reihe von Themen. Er legt sich schonungslos mit seinen Trainern an und mit den Verbänden.

Im Auge hat er immer die Sache. Seinen Sport. »Den Traum vom Fliegen«, wie er sagt. »Wo noch niemand war, und weiter!«, lässt er auf Merchandise-T-Shirts drucken. In der Berichterstattung scheint es gerade in Schwäche-Perioden eine Art von Racheimpuls der Presse ihm gegenüber zu geben. Es wirkt oft, als hätten die Medien eine Rechnung mit ihm offen. Die Journalisten werfen ihm dann gerne boshaft »Gregorzentrismus« vor. Weil er ein leistungsfähiges Team von Experten und Vertrauten um sich herum aufgebaut hat. (Ähnlich wie Marcel Hirscher, der österreichische Ausnahme-Skifahrer, es gemacht hat, nur gilt der als pflegeleichter »Sunnyboy«.) Gerade wenn es bei »Schlieri« nicht läuft, spricht man zynisch von »Zweifeln an der Gültigkeit des gregorzentristischen Weltbildes«. Schnell wird er in die Schublade des bockigen Adoleszenten geworfen, der Schwierigkeiten mit dem Erwachsenwerden hat. »Überzogener Egoismus« lautet die Kritik. Dass da jemand seinen »Traum vom Fliegen« lebt und seine ganze Jugend dafür in die Waagschale geworfen hat, verschafft ihm nicht wirklich Respekt. Das »vom Erfolg verwöhnte« Ausnahmetalent steht für Reibung und Widerspruch. Er ist eben kein »Charmebolzen«, sondern ein Mann mit kritischem Geist, Prinzipien und Werten. Wer Einlass in seinen Kosmos gefunden hat, erlebt einen warmherzigen, humorvollen und sensiblen Menschen. »Der Gefühlsmensch war ich ja immer schon, wenn jetzt noch der Genuss dazu kommt, Halleluja!«, hat er mal in einem Gespräch gesagt. Der Sprunganzug dient ihm also auch als Schutzanzug vor den böswilligen Neidattacken der Sportwelt. Der Reporter, der die unsensible und stereotype Frage »Wie fühlen Sie sich im Moment der Niederlage?« stellt, hat keine andere Antwort verdient als: »Sieht man mir das denn nicht an?!« Mit Tränen der Wut in den Augen. Per Mertesacker hat es mit seiner Replik bei der WM 2014 in Brasilien vorgemacht. Journalisten sind nicht unantastbar in ihrer Gedankenlosigkeit. Gregor Schlierenzauer hat mir einmal geschrieben: »Ich habe keine Macken, ich habe viele ›Special Effects‹ – und ich bin stolz drauf! Auch ein dürrer Baum schmückt die Landschaft!«

Zwölf Stufen zum konstruktiven Umgang mit sich selbst als »Ich-Projekt«

- Vermeiden Sie, was sich für Sie nicht echt anfühlt.
- Formulieren Sie eindeutig, was Sie wollen.
- Versuchen Sie nicht, es allen recht zu machen.
- Orientieren Sie sich an Ihrem Bauchgefühl.
- Sprechen Sie positiv von sich.
- Vergessen Sie Ihre Träume nicht.
- Wagen Sie, »Nein« zu sagen.
- Scheuen Sie sich nicht davor, »Ja« zu sagen.
- Behandeln Sie sich fair.
- Verabschieden Sie sich von Unveränderbarem.
- Suchen Sie das Weite bei Menschen und Situationen, die für Sie Energiefresser sind.
- Vergessen Sie die Liebe nicht.

»Jeder Mensch wird als Original geboren, aber die meisten sterben als Kopie«
(Kaspar Schmidt)

Viele Menschen schwimmen mit dem Strom. Manche dagegen. Sie allerdings stehen anscheinend im Wald und finden den Fluss nicht. Zumindest fühlt es sich manchmal genau so an. Sie sind bereit für ein spannendes Leben, aber ihnen fehlt der letzte Biss. Was ist der Grund für diese Beißhemmung? Angst vor dem Zahnarzt? Schlechte Erfahrungen mit der Zahnspange? Stattdessen haben sie sich darauf spezialisiert, durch andere zu leben. Das glauben Sie nicht? Hier ein Beispiel.

Wir sind stolz auf unsere Fußball-Nationalmannschaft. Jeder hat mit gefiebert und die Daumen gedrückt. Um die Elf bei der WM 2014 in Brasilien zu unterstützen, haben wir aus Aberglaube unsere peinlichen Rituale beibehalten und vielleicht auch Kerzen angezündet und Stoßgebete gesprochen. Blut und Wasser wurde geschwitzt. Begeisterung allerorten. Zum guten Schluss waren irgendwie alle ein Teil des Erfolgs. Und jeder sonnte sich im Ruhm der glorreichen Helden. Der Glanz strahlte auf alle ab, die dabei waren, und so erlebt jeder Deutscher einen Erfolg aufgrund der Leistung anderer. Der Nationalmannschaft. Wo waren Sie, als das Tor im Fußballfinale 2014 in der Verlängerung fiel? Jeder kann sich daran erinnern, auch noch in Jahren. Alle bilden sich ein, sie seien ein Teil der Mannschaft gewesen. Jeder fühlte sich wie der sogenannte zwölfte Mann. Doch das ist ein Irrtum. Die Sportler sind ihren eigenen Weg auf ihre individuelle Art gegangen. Jeder ein Typ für sich. Keiner wusste wirklich, wohin ihn das Schicksal treiben würde.

Alle aber spürten, dass der Weg der Gewohnheit in einer Sackgasse enden würde. Also entschieden sie sich, den entscheidenden Schritt weiter zu gehen. Ein Team aus Individuen. Das Publikum hingegen nährt sich als Fanclub nur an geliehener Prominenz. Secondhandleben nennt man das.

Nehmen Sie Ihr Schicksal selber in die Hand und entscheiden Sie, was Sie wirklich erleben wollen. Feiern Sie Ihre eigenen Siege. Denn, um es mit dem berühmten Jugendbuchtitel von John Green zu sagen: *Das Schicksal ist ein mieser Verräter!* Immer mehr Menschen ziehen irgendwann Bilanz. Meistens an ihren runden Geburtstagen. Für und Wider. Kosten und Nutzen. Plus und Minus. Aufwand und Ergebnis. Das Resümee ist oft erschütternd und deprimierend. Viele haben den Eindruck, eine Menge verpasst zu haben. Warum? Wodurch?

Sehr häufig schien doch alles im grünen Bereich gewesen zu sein. Es gab genügend Chancen und Möglichkeiten. Beispielsweise gemeinsam einen Laden für die vegane Lebensform zu eröffnen oder auch eine Kaffeebar. Ein Fitness-Studio ohne Fitnessgeräte. Ein Start-Up für innovative Produktideen. Ein Angebot als Manager einer vielversprechenden Band. Ein erotisches Buchprojekt auf dem E-Book-Markt. Und so weiter und so fort. Doch im Rückblick haben wir zu oft zu wenig daraus gemacht. Weil wir Angst hatten und lieber auf Nummer sicher gehen wollten? Der Mut war auf der Hut. Die Sorge vor einem Misserfolg ließ uns zurückweichen vor einem Sprung ins kalte Wasser. Hin und wieder sollte man vielleicht kurz darüber nachdenken, was einem durch dieses Zaudern entgeht. Lebenserfahrung, Lampenfieber und Glück im Unglück. Ist es nicht besser, das eigene Handeln zu bedauern, als die Notbremse zu ziehen und damit Stillstand zu erzeugen? »Explore. Dream.

Discover!«, schreibt Jared Leto von *30 Seconds to Mars*. Im Grunde genommen ist jeder Mensch ein weißes Blatt Papier. Die Welt steckt voller Angebote mit bunten Farbpaletten. Welche Farben wollen wir benutzen? Was und wie werden Sie sein?

Farbenblind sollten wir nicht sein. Fantasie und Kreativität sind ein Anfang. Doch sie werden zu nichts führen, wenn alles nur ein Hirngespinst, ein Gedankenexperiment bleibt. Wollen ist das Thema und nicht nur Wünschen. Sie sind der Maler, der das Bild von Ihnen malt. Gregor Schlierenzauer, der Skisprungstar aus Österreich, wusste schon früh, was er sein wollte. In einem Coaching formulierte er es so: »Ich möchte eine Ikone sein!« Aus tiefster innerer Überzeugung. Wer oder was oder wie wollen Sie sein? Abstrakt oder konkret? Öl oder Aquarell? Foto oder Video? Sie werden wahrscheinlich Erfolg haben, weil Sie verrückt genug sind, daran zu glauben. Sie können es hin und wieder schaffen, wenn aus Träumen Taten werden. Warum fällt uns das so leicht, wenn wir Kinder sind und jung an Jahren?

Felix Neureuther denkt gerne an seine Kindheit zurück. Zu seinen größten Momenten zählt die Begegnung mit seinem Idol Alberto Tomba, einem der erfolgreichsten Skirennläufer aller Zeiten. Das Treffen mit ihm hat ihn als Jugendlicher unglaublich für seine eigene Karriere motiviert. Das Foto von Tomba samt Autogramm war Zeugnis des für ihn unvergesslichen Zusammentreffens und hing jahrelang als ständige Inspiration über seinem Bett. Heute noch strahlt Felix Neureuther über das ganze Gesicht, wenn er von dieser inspirierenden Episode aus seiner Jugend spricht. Und es führte ihn dazu, selber jedes Jahr Kinder in seine *Ski Academy* zu *ski4life* einzuladen. Junge Menschen, die heute Felix Neureuther als Idol gewählt haben und es genauso voller

Begeisterung genießen, mit ihm zu trainieren und Tricks aus erster Hand zu lernen. Als Motivationsspritze für die eigene Zukunft. Wer weiß, vielleicht findet sich unter den Talenten der neue Skistar?

Angst ist in der Kindheit noch nicht unser Ratgeber. Abenteuerlust und Neugierde sind die Motoren. Dann kommen mit den Jahren die Erfahrungen. Rückschläge und Fortschritte. Mit dem Erwachsenwerden wächst die Angst, weil wir die Herausforderungen mit unseren Erfahrungen vergleichen und voreilig Schlüsse ziehen. Minimierung von Risiken heißt der Plan. Aus Erfahrung wird man klug und feige. Wir denken mehr über die Folgen und Konsequenzen nach. Der Verstand übernimmt die Regentschaft. Die Vernunft führt die Geschäfte. Leichtsinn scheint kontraproduktiv. Und kindisch.

Ich lernte einen Golfspieler kennen, dem das passierte, was allen alten Hasen im Golfspiel offenbar passiert. Sie verweigern den Erfolg. Sie gewinnen nicht, weil sie oft den einen Schlag mehr brauchen. Golf gilt als der Sport, der vor allem die Frustrationstoleranz trainiert. Ein Spiel für Masochisten, sagt man gemeinhin. Die ältere Generation kann abschlagen und einlochen. Keine Frage. Im Training jedenfalls. Doch beim entscheidenden Schlag im Wettbewerb erfasst sie Panik. Die Angst vor dem Versagen. Alle Fähigkeiten werden Makulatur. Denn sie haben zu viele Erfahrungen gemacht. Junge Spieler sind dagegen im Vorteil, weil sie unbelastet sind und mutig. Hier ist Unerfahrenheit und mangelndes Wissen ein Vorteil in der Konkurrenz. Der Punkt wird gemacht, weil sie eine kindliche, fast naive Spielfreude haben. Freude am Tun. Es gewinnt die Unvernunft. Sich das wieder zu erarbeiten, die spielerische Leichtigkeit im Kopf, das ist eine große Aufgabe.

»Geht auf den Platz und spielt!« soll schon Beckenbauer als Nationaltrainer zu seiner Mannschaft gesagt haben. So einfach ist das. Und so schwer. Wissen zwingt einen dazu, Kontrolle ausüben zu wollen, der Sicherheit den Vorzug zu geben und das Glück zu erzwingen. Der Wunsch, Schicksal zu spielen, ist keine gute Idee. Das streben leider viele Menschen an. Perfektionisten wollen die Welt regieren. Diese Menschen denken lange im Vorfeld darüber nach, wie sie etwas perfekt umsetzen können. Stunden um Stunden. Tage und Wochen. Sie fangen einfach nicht an, etwas zu tun. Von wegen »Learning by doing«. Ist es denn nicht vernünftiger, erst einmal zu beginnen? Anstatt sich aus Perfektionszwang vor dem Beginn zu drücken und wichtige Zeit zu verlieren? Verbessern können wir uns während des Prozesses. Dann können wir selbst unser größter Feedback-Geber sein.

Voraussetzungen für das Gelingen des Ich-Projekts

- **Denken Sie konstruktiv!**
  Betrachten Sie jede Situation als eine Gelegenheit zum Fortschritt. Als Schulung des Chancendenkens. Konstruktivismus stärkt die Idee.
- **Seien Sie ehrlich!**
  Sagen Sie immer die Wahrheit, auch wenn es wehtut.
- **Delegieren Sie!**
  Erkennen Sie die Chancen, Aufgaben auch anderen zu überlassen. Haben Sie Vertrauen.
- **Kommunizieren Sie!**
  Viele Probleme sind das Ergebnis schwarzer Löcher, die aus Kommunikationsdefiziten resultieren.

- **Inspirieren Sie!**
  Inspirieren Sie sich durch Ihre Begeisterung für die Sache, die Ideen und die Menschen.
- **Geben Sie Orientierung!**
  Bauen Sie Konzentration auf und fokussieren Sie sich so lange wie nötig und so lange wie möglich.
- **Stellen Sie Balance her!**
  Sorgen Sie für eine Ausgewogenheit von Anspannung und Entspannung. Das macht leistungsfähiger.
- **Schenken Sie Vertrauen!**
  Vertrauensvorschuss sich selbst gegenüber ist eine gute Motivationsspritze und schafft Selbstvertrauen.
- **Ermutigen Sie sich zu persönlichem Wachstum!**
  Individuelle Weiterbildung macht produktiver und leistungsfähiger.
- **Eigenlob wirkt!**
  Wertschätzung, auch für kleine Siege, stärkt die Motivation. Nichts motiviert mehr als Erfolg.
- **Seien Sie Ihr eigener Mentor!**
  Agieren Sie im Umgang mit sich mehr wie ein Mentor denn als Boss. Reduzieren Sie Ihre Aufgabe nicht auf Fehleranalyse. Geben Sie sich keine Befehle, auch nicht verbal. Zeigen Sie sich, wie es geht, und leben Sie es vor.
- **Seien Sie fair!**
  Spielen Sie andere nie gegeneinander aus. Auch keine Ideen.
- **Stärken Sie Stärken!**

Die Identifikation von Talenten und Fähigkeiten und der Ausbau derselben macht gesünder, glücklicher und produktiver.

Konsequenz heißt, auch einen Holzweg zu Ende zu gehen

Viele Arbeitgeber machen der Jugend von heute, genauer gesagt den Berufseinsteigern unter ihnen, den Vorwurf, sie hätten Angst davor, Herausforderungen zu suchen und Chancen zu ergreifen. Berufsanfänger gelten heute als passiv und angepasst. Ist das wirklich neu? Nein, denn so funktioniert anscheinend die Welt. Der Mensch fürchtet seit Anbeginn seiner Existenz um sein Leben und seine Arbeit und er hat Angst vor dem Tod. Wir geben den jungen Menschen oft nur Ratschläge und Tipps zum Konformismus und zur Uniformität mit auf den Weg. »Vorsicht!« ist das Schlüsselwort. Doch für eine selbstwirksame Persönlichkeitsentwicklung ist Angst ein denkbar schwieriger Ratgeber. Angst ist nur ein anderer Begriff für den Aufruf zur Mut- und Ideenlosigkeit. Eine ermunternde Haltung in eine furchtlose Denkrichtung wird zu selten vorgelebt. Provozieren. Schockieren. Es allen beweisen zu wollen. Sich blamieren. Und das zu überleben. Das wird nirgendwo gelehrt. Im Gegenteil. Aber tut das nicht heute mehr denn je not? Es kann eine Menge Erfahrung bringen, einen Holzweg mit aller Konsequenz zu Ende zu gehen. Auch Sackgassen haben Lernpotential. Unfreiwillige Umwege sind hin und wieder das Salz in der Suppe im Routineeintopf. Das Leben ist großartig, wir schauen nur in die falschen Ecken.

Kehren Sie in die Vergangenheit zurück und geben Sie sich einen Rat

Suchen Sie sich einen Zeitpunkt aus der Vergangenheit aus. Vielleicht versetzen Sie sich in eine Zeit, in der Sie ziemlich orientierungslos und verloren waren. Verfassen Sie eine Liste von praktischen Ratschlägen, die Ihnen geholfen und gutgetan hätten zu der Zeit. Beginnen Sie mit einer Anrede, z. B.: »Ratschlag für Michael K. im Alter von 13 Jahren«. Seien Sie sehr direkt und konkret mit Ihrem Ratschlag. Vermeiden Sie Allgemeinplätze, benennen Sie stattdessen den Ratschlag und den daraus resultierenden Verhaltenswunsch genau. Nutzen Sie die Gelegenheit, Ihre Vergangenheit neu zu denken, so als ob Sie die Ratschläge wirklich erhalten hätten. Alles passiert aus einem Grund heraus, den wir oft nicht kennen. Es ist in jedem Fall ein spannendes Gedankenexperiment, darüber nachzudenken, was wäre, wenn wir die Vergangenheit ändern könnten. Wenn wir uns quasi ein zweites Leben neben dem bestehenden erfinden.

»Never regret something that once made you smile!«

Nicht alle Stimmen
in unserem Kopf sind real,
aber sie haben
so wahnsinnig gute Ideen

Nicht jeder Tag ist gleich, nicht jede Stunde mit einer anderen vergleichbar. Manchmal hört sich unsere innere Stimme provokant an, weil uns einfach danach ist. Dann wieder amüsant. Oder auch ironisch. Hin und wieder sexy. Dann exzentrisch. Unberechenbarkeit und Gefährlichkeit sind auch von einer interessanten Farbgebung. Wichtig ist bei dem Stimmen-Wirrwarr nur, sich selber nicht unter Wert zu verkaufen oder die Cleverness unseres Gegenübers zu unterschätzen. Das kommt nicht gut. Nie. Es gibt Augenblicke, da kommen plötzlich alle Facetten einer Persönlichkeit wie von selbst zusammen. Ein Cocktail der Stimmen und Stimmungen in uns.

Dann kommen wir auf die verwegene Idee, all das zu wagen, wovor uns rein rationale Menschen immer warnen. An die Grenzen zu gehen oder über sie hinweg. Regeln zu brechen. Mutig zu sein. Wagnisse einzugehen. Unserer Intuition und unseren Instinkten zu folgen. Auf unseren Bauch zu hören. Dahin zu gehen, wohin der Impuls uns führt. Oder wovor man normalerweise zurückzuckt. Aktiv werden, weil es einfach Freude macht. Ohne über mögliche Belohnungen oder die schlimmen Konsequenzen lange nachzudenken. Loszulassen. Ein Leben ohne Bremsen. Vielleicht auch bis es wehtut.

Ist es nicht manchmal an der Zeit, uns wieder zu fragen, ob wir den Aspekt der Verrücktheit in unserem augenblicklichen Dasein genug berücksichtigen? Wollen wir den Schritt ins Ungewisse wirklich wagen oder schrecken wir im entscheidenden Moment vor unserer eigenen Courage zurück? Lenken wir auf der Zielgeraden doch noch ein und suchen den geringsten Widerstand? Handeln wir verletzungsarme Kompromisse aus? Zu welchem Preis? Dabei wäre es doch viel erfolgsversprechender, sich auf das aufregende Spiel einzulassen. Es geht um den schönen Versuch, bis an die eigenen Grenzen zu gehen. Den Absprung zu wagen, ohne einen Absturz zu riskieren. So viel Cleverness macht Spaß.

Innovative Chancen zu sehen, Alternativen zu entwickeln und mit neugieriger Kompetenz zu realisieren, ist eine denkbare und attraktive Erfolgsstrategie. Offene Augen, schnelle Reaktion und vorausschauendes Handeln sind die Werkzeuge dazu. Glück und Timing spielen auch eine nicht zu unterschätzende Rolle. »Glück ist Talent für das Schicksal«, meinte schon der deutsche Lyriker Novalis. Wer Erfolg haben will, muss Ideen und Konzepte entwickeln, die auf eine neue Art und Weise eine Lösung bedeuten. Dazu braucht es die Fähigkeit, mit offensiver Neugier und großem Gespür sein Umfeld zu scannen und zu studieren. Die Welt mit offenem Herzen zu bereisen, weil man ahnt, dass sie so viel mehr zu bieten hat, das es kennenzulernen gilt. Zu jeder Zeit und an jedem Ort kann man dann neue Inspiration entwickeln.

Der Freigeist ärgert sich nicht über unzulängliche Dinge, sondern sucht unermüdlich spannende Alternativen mit einem Mindesthauch an Neuem. Er erntet als Belohnung dafür persönliche Freude. Allein durch die individuelle Kraft seiner Ideen und die Resonanz seiner Umwelt. Wichtig ist dabei die Einstellung, dass man trotz des Risikos zu scheitern im Grunde gar nicht so viel zu verlieren hat. Wenn man das glauben kann, dann ist unsere Handlungsfreiheit immens. Denn nur jene, die Verluste fürchten, meiden das Wagnis. Sie kämpfen nicht mehr für Lösungen, sondern nur noch für die aktuelle Haben-Seite. Das Risiko wird gescheut und der Schutz von Erreichtem wird wichtiger als die Lust an der Innovation mithilfe kreativer Lösungen. Die Neugier wird von der Angst vor dem Verlust des Ist-Zustands erdrückt. Das ist der Anfang vom Ende.

Im Umkehrschluss ist blinder Tatendrang aber auch nicht das Ziel. Man setzt nicht einfach mal etwas leichtsinnig aufs Spiel. Nur Spielsüchtige tun so etwas. Das »Ich-Projekt« ist keine Kamikaze- oder Harakiri-Unternehmung. Selbstmord ist nicht Teil des Konzepts. Es geht eher darum, eine Lösung zu entwickeln, die von dem ausgeht, was schon da ist. Darauf baut der Kreative auf und entwickelt ein »Ich-Projekt«. Es geht um die neue und individuelle Sicht auf die Dinge. Nur diese schafft Entwicklung. Es geht um das eigene Branding. Den eigenen Stil. Den eigenen Standpunkt. Die eigene Perspektive. Die eigene Haltung. Den eigenen Stempel. Es geht darum, der Welt mit Staunen zu begegnen, manche sagen dazu auch gerne »mit einer Prise Naivität«.

Gibt es *die* richtige Form der Verblüffung? Wie sollte die aussehen? Jeder Mensch hat seine eigenen Gründe, um erstaunt zu sein, und jeder Mensch reagiert auf verschiedene Dinge mit offenem Mund. Genauso, wie jeder auch andere unterschiedlich zum Staunen bringt. Das ist beides so individuell wie der Charakter. Vieles kann uns überraschen und verblüffen. Da gibt es kein Richtig oder Falsch. Kein Besser oder Schlechter. Die Hauptsache ist, dass man von etwas berührt wird. Oder sich berühren lässt. Das zeigt einem, dass man bewegt wurde. Man sich bewegen lässt. Etwas uns in Bewegung bringt. Das ist eine wunderbare Kraft. Es gibt keine falsche Form der Verblüffung. Sie ist die Quelle von Kreativität. Hier zeigen sich Emotionen. Es entstehen Erfahrungen und Impulse. Ein Pool der Anregung. Darin lohnt sich immer wieder einzutauchen, um eigene Konzepte und Ideen zu kreieren.

Bei der Entwicklung dieser Aspekte gibt es immer wieder ein Auf und Ab. Eine Berg- und Talfahrt. Man wird aus der Kurve getragen oder verpasst den Absprung. Weil man nicht weiß, was hinter dem Berg der Veränderung liegt. Es gibt keine freie Sicht und damit keine Garantie für ein Gelingen. Werden Funken des Erfolgs sprühen und sich wie ein Lauffeuer verbreiten? Oder kommt es nur zu einer kleinen Glut, die sofort verglimmt? Man kann natürlich immer anhalten und nur die Aussicht genießen, sodass der richtige Zeitpunkt vergeht und die Chancen verpasst werden. Immer haben wir den verständlichen Wunsch, tolle Erfolge ohne Wagnis einfahren zu wollen. Das ist unmöglich. Das wissen wir. Es geht oft nur so: Man steigt bis zum Gipfel hinauf und ergreift die Gelegenheit zum richtigen Zeitpunkt beim Schopfe.

Je ungewöhnlicher etwas Neues für uns ist, umso größer ist unsere Sorge vor der Niederlage. Je unbekannter das Neuland, desto größer das Risiko des Scheiterns. Nicht jeder kann das aushalten. Dazu braucht es Ehrgeiz. Ein solches Wagnis ist nur etwas für Menschen, die den Willen haben, sich ihren größten Herausforderungen zu stellen. Die sich, ihre Familie, die Gesellschaft oder die Welt voranbringen wollen. Jeder Einzelne wünscht sich dabei natürlich auch immer die vorbehaltlose und uneingeschränkte Anerkennung seines persönlichen Beitrags. Das ist Teil der Motivation und des Glücks. Es geht dabei allerdings weniger um persönliche Eitelkeit. Die Frage im Kopf dieser Menschen lautet eher: »Was wird mein Fußabdruck auf diesem Planeten sein? Woran werden sich die Menschen erinnern, wenn sie an mich denken?«

Was lässt uns relevant fühlen? Um diese Spur zu legen, braucht es eine lebendige Bereitschaft zum Risiko, eine konkrete Zielvorstellung, anspruchsvolle Recherchen und auch manchmal mühsame Entdeckungstouren. Den Wunsch nach gelungener Kommunikation und die Bereitstellung von Entwicklungsräumen, die Fähigkeit zur Inspiration anderer und unserer selbst. Und hin und wieder auch eingeschränkte Ressourcen. Not macht wirklich erfinderisch. Allerdings nicht im Sinne von »Hungrige Vögel singen besser!«, wie ein zynischer Kulturpolitiker mir gegenüber einmal feststellte. Die oben genannten Dinge sind die Voraussetzung für ein erfolgreiches Ergebnis. Manchmal herrscht allerdings eine Aura von innerer Unruhe und Getriebenheit. Es gibt Reisende, die immer wieder ihrem Impuls nachgeben müssen, etwas Neues zu versuchen. Sie geben niemals Ruhe und suchen immer wieder neue Felder, um sich selbst zu beweisen. Nur so haben sie den Eindruck, immer noch up to date zu sein. Nervöse Trendsetter einer lebendigen Modernität.

Ein Abenteuer, das am Anfang wie ein verrückter Einfall gewirkt hat, kann im Rückblick der Beginn einer guten Innovation gewesen sein. Nutzen wir diese Chancen. Vermeiden wir ausgetretene Wege und folgen wir dem Ruf der Wildnis. Trainieren Sie die Offenheit gegenüber dem »Anderen«, dem »Neuen«. Werden Sie ein Visionär. Machen Sie Dinge anders, als das Schicksal es vielleicht geplant hat. Sehen Sie das Leben, wie es sein könnte, und nicht, wie es scheinbar zu sein hat. Haben Sie keine Angst mehr davor, nicht perfekt zu sein. Machen Sie das Leben zu einer spektakulären Feier.

Ein anarchischer Comedian als Bürgermeister von Reykjavik: Jón Gnarr

Ein Amateur regierte von 2010 bis 2014 die Hauptstadt von Island, schlimmer noch, ein Punk. Mit 13 Jahren hatte Gnarr drei Entscheidungen getroffen: Er wurde Punk. Er wurde Klassenclown. Er las nur noch privat und stellte das öffentliche Lernen in der Schule ein. Später arbeitete er als Psychiatriepfleger, Taxifahrer und Bassist in einer Punkband. Dann folgte eine Karriere als Komiker mit Telefonscherzen im Radio, Stand-up-Comedy, Kolumnen, Sketchen und Fernsehserien. Wie die Figuren, so der Mann. Er zeigte eine Vorliebe für mutige Frisuren und alberne Verkleidungen. Ein Chaot mit fünf Kindern und einer cleveren Frau.

Im Wahlkampf setzte er auf Lebenserfahrung, Aufrichtigkeit und Humor. Es gab keine Spenden, kein Geld, keine Plakate. Dann kam das Video »Simply the Best!« nach einem Song von Tina Turner. Das schönste politische Video aller Zeiten, hieß es weltweit. Es machte gute Laune. Es riss die Leute hin. Es überzeugte sie. Doch Gnarr zog seine Kandidatur überraschend in der Schlussdebatte zurück. Eine lange Stille folgte. Das Publikum schwieg. Dann sagte Gnarr: »Jooooke!« Es folgte der Wahlsieg. Die Premierministerin von Island sprach von einem Schock, als sie das Wahlergebnis erfuhr. Alle standen an dem historischen Wahlabend sprachlos da, wie vom Blitz getroffen lauschten sie dem Wahlergebnis. Weltweit hatte es so etwas bis dahin noch nicht gegeben, eine konservative Stadt wählte die »Beste Partei«, die Anarchosurrealisten. Gewinner und neuer Bürgermeister aus dem Stand wurde der Komiker Jón

Gnarr. »Welcome to the revolution!«, sagte er. »Hurra für alle möglichen Dinge!«

Nach dem Bankencrash steckte Island damals tief in der Krise, Bankrott allerorten: Staat, Stadt, Firmen und Einwohner. Kein Wunder, dass der Wahlslogan der »Besten Partei« so gut ankam: »Mehr Punk, weniger Hölle!« Die Isländer zeigten Mut und ließen sich auf ein einzigartiges Experiment ein: Können Nonsens-Politiker regieren? Wahrscheinlich nicht schlechter als die Profi-Politiker, mögen sie sich heimlich gedacht haben. Schlimmer konnte es ohnehin nicht mehr werden. »Vertrauen in die Amateure« schien das Losungswort. Die hatten im Wahlprogramm Gratishandtücher in den Schwimmbädern gefordert, einen Eisbären im Zoo, den Import von Juden, »damit endlich jemand, der etwas von Wirtschaft versteht, nach Island kommt«, ein drogenfreies Parlament bis 2020, Tatenlosigkeit bei guter Bezahlung, Disneyland mit Gratiseintritt für Arbeitslose, Gratisbustickets für alle.

»Wir können mehr versprechen als alle anderen Parteien, weil wir jedes Wahlversprechen brechen werden.« Das ist Freiheit der Anarchie. Wie die Idee der »Besten Partei« entstanden ist, erklärt Jón Gnarr so: »Nur Kinder glauben, dass eine Idee einfach so geboren wird. Normalerweise haben zwei Ideen Sex. In diesem Fall war es Gruppensex.« Es ging um eine Idee, die Spaß machen sollte. Es ging auch um die Verwirklichung eines perfekten Kunstwerkes. Die Bilanz nach vier Jahren Laien an der Macht ist in Island absolut positiv. Die Amtszeit des Bürgermeisters ist vorbei. »Schon Gandhi hat gesagt: ›Erst ignorieren sie dich, dann lachen sie über dich, dann bekämpfen sie dich, und dann gewinnst du!‹« Nun sucht Jón Gnarr eine neue Rolle.

Wer wollen wir sein: Pippi Langstrumpf oder Annika?

»Aufruf an alle, die den Unterschied machen!«, meint Fußball-Profi Marco Reus und beweist sich als eine Art männliche Variante von Pippi Langstrumpf. Nie war der Mensch freier als heutzutage. Pippi Langstrumpf könnte ein Lied davon singen: »Ich mache mir die Welt, wie sie mir gefällt!«

In der heutigen Gesellschaft steht uns anscheinend vieles offen. Alles scheint möglich. Das unverwechselbare »Ich-Projekt« wird zum Produkt: mit Branding, inklusive Claim und Werbebotschaft. Diese Ich-Inszenierung schafft den Rahmen zur Promotion der eigenen Individualität. Früher war das Leben einfacher. Es gab nur eine Ausgabe von Erfolg: Konformismus und Anpassung an die herrschenden Normen. Wer auf der sicheren Seite seiner Persönlichkeit stehen wollte, brauchte sich nur an den bestehenden Rahmenbedingungen zu orientieren. Man war damit Teil des Spiels. Frei von Kritik, Unsicherheit und Desorientierung.

Toni Innauer, Skisprungikone aus Österreich, begründete meine Tätigkeit in der Weltcup- Mannschaft der österreichischen Skispringer mit dem Satz: »Leistungssport ist Lebensschule!« Jetzt würde ich den Satz gerne umkehren: »Lebensschule ist Leistungssport!« Heute geht es darum, auf sich aufmerksam zu machen und Neugierde zu wecken. Austauschbarkeit ist eine Todsünde. Exzentriker sind angesagt. Grenzgänger ein Muss. Das neue Selbstverständnis lautet: Jeder soll Macken haben dürfen, Ecken und Kanten sind die neuen Tätowierungen. Es geht immer um ein »Entweder – oder« und gleichzeitig um ein »Sowohl – als auch«. Individualisten sind der gelebte Widerspruch. Es geht um Rebellion.

Anarchie und Querdenkerei im Sinne von »Enjoy the difference!« Doch dazu bedarf es einer Entscheidung. Ich muss mir selbst erlauben, aus der Reihe zu tanzen. Richtig und gut scheint, was sich gut anfühlt. Da ist der Bauch als Ort für die Instinkte oder die Intuition ein guter und richtiger Ratgeber. Da hilft die Sensibilität für die eigene Wahrnehmung. Das Lesen der eigenen Impulse ist ein probates Hilfsmittel. Das Bauchgefühl funktioniert wie ein Lesegerät, es ist quasi der Kindle unseres Körpers. Da macht Übung den Meister. Wir wissen, dass die Welt uns immer mehr entgleitet. Zeit wird überall so knapp wie eine gesunde Umwelt und sauberes Trinkwasser. Tempo ist der aggressive Pulsgeber unseres Alltags. Atemlose Mobilität ist eine unumgängliche Tatsache. Immer komplexer wird das Leben auf dem Globus und wir sind wie Ertrinkende mittendrin. Wahrnehmung verzerrt sich allerorten. Wirklichkeiten wechseln sich unablässlich ab. Gedanken fahren Achterbahn. Nichts gilt mehr. Jedenfalls nicht für lange. Der Anfang kann das Ende sein. »Es gibt ein Leben außerhalb des Internets? Den Link bitte.« Empörungsdarsteller und Erschöpfungsopfer hetzen uns durch alle möglichen Wahrheiten. Der Wunsch nach Entschleunigung gilt gemeinhin oft als uncool. Der Wellnessboom und die Work-Live-Balance sind Trugschlüsse, weil sie die Aufgabe von Durchhalteparolen haben.

»Es ist nichts normaler, als nicht normal zu sein!«, hallt es von allen Wänden wider. Daraus kann der Zwang zur Selbstdarstellung erwachsen. Individualität ist auf diese Weise scheinbar zum Alltag geworden. Sich durch Individualität von anderen abzugrenzen scheint kaum mehr möglich. Wenn alle anders sein wollen, sind dann am Ende nicht wieder alle gleich?

»Werdet wild und tut was Schönes!«

Vielleicht ist das der Grund, warum die jungen Menschen heutzutage ihr Heil in der Anpassung suchen. Als Jugendlicher schon nach sicheren Arbeitsplätzen, Rentenansprüchen, Familie und Besitz zu streben ist möglicherweise der Ausdruck einer Gegenbewegung. Ein Anker gegen die Hektik unserer täglichen globalen Überforderung. Wer wegen des derzeitigen deutschen Bildungssystems keine Zeit mehr hat, um eigene Erfahrungen zu sammeln, geht lieber den Weg des geringsten Risikos und Widerstandes. Was fehlt? Zeit! Denn Zeit ist die Schlüsselressource für die Konstruktion und Erfindung des »Ich-Projekts«! Man braucht Zeit, um sich auszuprobieren, Konflikte zu erleben, Scheitern auszuhalten und aus den Erlebnissen für die eigene Identität zu lernen. Wie soll man Standpunkte entwickeln, Haltungsfragen diskutieren und Lebensentwürfe generieren, wenn man ständig nur Leistung erbringen soll? »Wenn man gut sitzt, braucht man keinen Standpunkt!«

Doch vielleicht tut man der neuen Generation Unrecht. »Don't judge a book by its cover!« Der neueste Trend, die Rückkehr des Max Mustermann, scheint eher Ausdruck einer überraschenden Entwicklung zu sein. Frei nach dem Motto: »Schock deine Eltern, lies ein Buch!« Es handelt sich hier in Wahrheit vielleicht um eine Folge der Freiheit der Wahl. Der junge Mensch entscheidet sich verwirrenderweise und bewusst gegen die Individualität und für die Normalität. Man darf und soll und kann sein, wie, was und wer man will? Gut so! Dann macht die junge Generation sich locker und damit frei von der Qual der Wahl, »besonders« sein zu müssen.

Das herrschende Werte- und Gesellschaftssystem wird bei klarem Verstand mit Freuden angenommen und als ehrlich erstrebenswert akzeptiert. Man hat sich intensiv damit auseinandergesetzt und will nun bewusst »Ja« dazu sagen. Die jungen radikalen Realisten checken die Verhältnisse in hektischen Zeiten und entscheiden sich für die vermeintlich langweilige Normalität. Es geht ihnen vielleicht wirklich um die eindeutige und freiwillige Wertschätzung traditioneller Werte wie Verfassungstreue und die Zehn Gebote, um die Akzeptanz sicherer sozialer Verhältnisse, die Wertschätzung der Leistungsgesellschaft an sich und den Wunsch, ein Mitglied derselben sein zu wollen. Ergänzt durch Engagement im Ehrenamt. Das finden Sie spießig? Man gönnt sich ja sonst nichts, außer der Freiheit, Nein zu sagen zu allen Angeboten der Individualität, und entscheidet sich klar für das Normale. Normalität ist ihre Form von Rebellion. Das ist moderne Anarchie.

*»Stellen Sie sich vor, Sie selbst wären das Glück.
Würden Sie dann gerne bei sich vorbeikommen?«
(Eckart von Hirschhausen)*

Besitz und Geld allein machen nicht glücklich. Beziehungen wiederum machen nicht satt und zahlen keine Miete. Fehlender Bezug zum Sinn des Lebens macht orientierungs- und freudlos. Nur wer sich wirklich in Sicherheit fühlen kann, hat ein Ohr für andere und kann sich weiterführenden existenziellen Fragen widmen. Mangelnde Existenzsicherung schafft totale Verunsicherung, Angst und Ohnmacht. Der Vergleich mit anderen weckt Neid und lässt einen nicht wirklich wertschätzen, was man hat. Diesen Kreislauf zu durchbrechen ist schwer, aber sinnvoll. Ohne Beziehungen fühlt sich das Leben oft unvollständig an. Wohlfühlen fängt für viele mit dem Teilen von Lebenserfahrungen, Abenteuern und einer gemeinsamen Zukunft an. Sei es in der Partnerschaft, in der Familie, mit Freunden oder im Verein. Lebenszeit mit anderen zu teilen ist ein Lebenselixier und macht zufriedener. Bezug zum eigenen inneren Erleben von Sinn ist eine große Triebfeder für das Glücksempfinden. Im Beruf und/oder im Ehrenamt. Die Frage nach der Bedeutung einer Aufgabe oder der Relevanz einer Tätigkeit ist existenziell. Das *Was* ist allerdings oft nicht so entscheidend, wenn ich das *Wie* gestalten darf und eine Antwort auf das *Warum* kenne.

In einer Gesellschaft der Hochleistung und Selbstoptimierung gilt immer nur der erste Platz. Der zweite ist schon nichts mehr wert. Dadurch werden alle anderen Leistungsträger permanent enttäuscht. Das führt zu einem Jammern auf höchstem Niveau. Solange man nur auf äußere Belohnung aus ist und nicht die Freude am Tun im Vordergrund steht, bleibt uns das Gefühl von Glück verwehrt. »Get in the Flow!« Zufriedenheit und Glück kennen kein Rezept. Verbissenheit und Druck sind keine Glückshelfer. Anspruchsdenken ist wirkungslos. Eine Glücksgarantie gibt es nur in Glückskeksen.

Eckart von Hirschhausen hat mal gefragt: »Stellen Sie sich vor, Sie selbst wären das Glück. Würden Sie dann gerne bei sich vorbeikommen?« Damit ist alles gesagt.

Der Flow im »Ich-Projekt«

Machen Sie eine »Ich-Projekt«-Inventur als situative Bestandsaufnahme. Wie viel Flow erleben Sie im »Ich-Projekt»? Wann war das letzte Mal? Worin bestand die Aufgabe? In welcher Situation? Wie waren die Rahmenbedingungen?

- **Erledigen Sie Ihr »Ich-Projekt«, weil Sie es gut können und gerne tun!**
  Achten Sie auf die Integration Ihrer Stärken. Was können Sie am besten? Was tun Sie am liebsten?
  Was motiviert Sie tatsächlich?
  Machen Sie sich Ihre Einstellung bewusst. Self-fulfilling Prophecy ist keine unbekannte Größe.
- **Betrachten Sie das »Ich-Projekt« als interessante Herausforderung!**
  Natürlich gibt es langweilige Routineaufgaben, aber auch da kann man seinen eigenen Stil entwickeln. Die Freiheit kann man sich immer gönnen. Scheint eine Herausforderung zu groß, unterteilen Sie sie in machbare

Schritte. Wirkt eine Aufgabe langweilig, erhöhen Sie die Komplexität. Erhöhen Sie Ihre Ansprüche, das Tempo, verändern Sie das Setting.
Wenn man weiß, *warum* man etwas tut, und das *Wie* selbst gestalten kann, ist das *Was* gar nicht mehr so wichtig.

- **Vermeiden Sie Ablenkungen und Störungen!**
  Jede Unterbrechung stört die Konzentration. Und kostet Zeit und Energie. Schaffen Sie Spielregeln. Sorgen Sie für Fokus-Inseln. Bringen Sie immer erst eine Sache zu Ende. Multitasking ist eine Flow-Bremse. Vermeiden Sie einen Informations-Overload.
- **Betrachten Sie Fehler als Lernchance!**
  Fehler sind Feedback. Sie sind Ausdruck von Aktivität. Geben Sie sich die Erlaubnis, nicht perfekt zu sein, und scheitern Sie erfolgreich.
- **Lernen Sie, sich zu fokussieren!**
  Konzentration auf das »Ich-Projekt« garantiert den Erfolg. Fokussieren Sie sich so lange wie möglich und so lange wie nötig.
- **Haben Sie Spaß an der Erfahrung im »Ich-Projekt«!**
  Trennen Sie sich von Ihren Erwartungen. »Erstens kommt es anders, zweitens als man denkt.« Das sorgt für »Aha-Erlebnisse«. Überwinden Sie den inneren Schweinehund und verwirren Sie das Gewohnheitstier.
- **Erleben Sie die Freude am Tun im »Ich-Projekt«!**
  Denken Sie nicht über eine Belohnung nach oder ein Schmerzensgeld oder einen Schadensersatz. Das Tun ist schon die Belohnung. »Das Ich-Projekt« an sich macht schon Spaß und schafft innere Befriedigung. Alles andere ist Zubrot. Aber nicht der Grund für die Betätigung.
- **Würdigen Sie Fortschritte und Erfolge im »Ich-Projekt«!**

Positive Erlebnisse gleichen negative aus. Schulen Sie die Wahrnehmung für Ihre Erfolge. Und wertschätzen Sie diese auch. Nichts ist so motivierend wie Erfolg.

- **Stärken Sie Ihre Stärken im »Ich-Projekt«!**
  Sorgen Sie für eine persönliche Bestform-Kontrolle. Trainieren Sie Schwächen, aber legen Sie den Schwerpunkt auf die Entwicklung Ihrer Stärken. Denn aus Schwächen entsteht höchstens Mittelmaß. Aus Stärken Exzellenz.
- **Lächeln Sie!**
  Bauen Sie auf Humor und Vertrauen statt auf Druck und Angst.

Die drei Grundprinzipien für Erfolg lauten schon im Leistungssport:

- *Fokus im Hier und Jetzt – alles andere sind ungelegte Eier.*
- *Orientiere dich am Prozess und konzentriere dich auf das Wesentliche!*
- *Vertraue auf deine Fähigkeiten und das, was du schon kannst, und mache dich frei vom Originalitätsdruck!*

»Ich tue alles
ganz ruhig
und gelassen
und konzentriert
und fokussiert,
eines nach
dem anderen,
in genau der Zeit,
die es braucht.«

Tibet-Weisheit

Sichtbar ist nur der, der für Farbe sorgt

Legenden entstehen durch den Mut, Grenzen zu überschreiten. Nur wer Töne macht, wird auch gehört. Lust an der Auseinandersetzung ist ein Schlüssel dazu. Leider ist der Verlust der Debattenkultur in unserer Gesellschaft zu beobachten, unter Studenten ist das besonders bemerkenswert. Angepasstheit, eine gewisse Bravheit und auch Gehorsam werden als die alte neue Form der pragmatischen Erfolgsstrategie gerade unter Studierenden praktiziert. Anstatt selbstbewusst Förderung zu fordern, wird verdruckst um Hilfe gebeten. Interesse laut zu formulieren, notfalls einen Dialog einzufordern, gilt als unschicklich. Ansprüche werden kleinlaut verhandelt und Widerspruch wird nicht wirklich kultiviert. Neugier bringt Menschen voran und motiviert. Sie stellt aber auch Fragen. Oder gar infrage. Das geht scheinbar immer mehr verloren. Meinungsäußerung als Grundlage von Meinungsbildung ist nicht mehr wirklich en vogue. Der Austausch von Argumenten als Ausdruck einer Streitkultur scheint nicht mehr zeitgemäß.

Doch: Wenn nicht in der Universität, wo dann? Dient doch gerade die Studienzeit als der Ort der Entwicklung von Standpunkten. Hier wird um Haltungen gestritten und werden Perspektiven verhandelt. Der Austausch und Umgang von unterschiedlichen Denkweisen kann hier trainiert werden, wo sonst? Stattdessen wird heute ein stromlinienförmiges Verhalten einstudiert. Mit dem Auge auf die schnelle Verwertbarkeit für den zukünftigen Arbeitsplatz. Ansprüche der Berufswelt werden vorauseilend abgefragt und Erwartungen an den Arbeitnehmer vorschnell sondiert und sollen als Orientierung für das eigene Handeln und Denken dienen. Anpassung gilt als notwendiger erster Schritt auf der Karriereleiter. Das Mitschwimmen im Mainstream der Konsensgesellschaft scheint das erstrebenswerte Ziel. Das Ringen um Meinungen und der Diskurs um Interpretationen der Wirklichkeit geraten dagegen immer mehr in den Hintergrund. »Ja und Amen« als Statement zur Gegenwart ist vom »like«-Button abgelöst worden, hat aber dieselbe Aussage und einen traurigen Effekt: Nettsein ist das neue Sein.

Thomas Sattelberger, Ex-Telekom-Personalvorstand, hat sich am 11. August 2014 zu diesem Thema in der *Huffington Post* in einem Interview geäußert. Zusammenfassend kommt er zu folgenden Schlüssen: Die Generation Y ist eine zutiefst verunsicherte und rückwärtsgewandte Generation. Viele Hochschulabsolventen wollen für den Staat arbeiten. Oder in den großen Konzernen. 75 Prozent bauen ihre Karriere auf den Prinzipien Sicherheit und Prestige auf. Nur wenige versuchen wirklich, ihr eigenes Ding zu machen. Sie wissen, dass sie ihr Leben stärker in die Hand nehmen müssen, weil die Renten nicht sicher sind und weil die Wirtschaft vor dramatischen Veränderungen steht. Sie wissen: Eigentlich ist nichts sicher. Die junge Generation sucht nach Kontinuität und Sicherheit und sieht dabei nicht, dass dieser Weg der gefährlichste ist. Das liegt auch am Ausbildungssystem, das nur noch wenig Raum gibt, Dinge auszuprobieren.

Diese Generation ist auch das Produkt der Erfolgsverwöhntheit dieses Landes. Der Spaß am Risiko, am Ausprobieren und an Neuem ist dem ganzen Land abhandengekommen. Doch die Suche nach der Sicherheit ist das eigentliche Risiko. Die jungen Menschen verlieren die Fähigkeit, sich auf neue Bedingungen einzustellen. Die Angst vor dem Scheitern überschattet alles. Die Arbeitnehmer der Zukunft müssen sich selbst als Talent-Unternehmer sehen, als Ich-AG. Sie müssen versuchen, zu einem Branding zu werden und sich entscheiden, für welches Thema oder welche Fähigkeit sie stehen wollen. Die junge Generation, die sich gerade verträumt auf ein schönes Leben vorbereitet, braucht dringend einen Weckruf. Wenn sie so weitermacht, werden viele von ihnen beruflich gesehen böse Überraschungen erleben. Gleichförmige Bewerber kommen in Zukunft nicht mehr weiter. Herdentrieb ist ansteckend, aber nicht zielführend.

Sie sollten sich fragen, was sie wirklich wollen. Das werden sie aber nur herausfinden, wenn sie sich Zeit zum Experimentieren lassen. Und sich Zeit zum Scheitern nehmen. Man sollte sich ein paar Jahre geben zum Ausprobieren anderer sozialer Realitäten: Migrantenkinder unterrichten, an eine Behindertenschule gehen, ins Ausland oder in den Slums von Kalkutta arbeiten. Es geht darum, den eigenen Weg zu verlassen, damit sie herausfinden können, was sie wollen. Das ist wichtiger denn je. Es führen zu viele Menschen ein Leben im falschen Film. Sie laufen einer Sache hinterher, hinter der sie nicht wirklich stehen. Sie haben eine falsche Entscheidung getroffen. Und das hat dramatische Folgen. Burn-out zum Beispiel. Dabei ist die Arbeitsbelastung gar nicht mal das Problem. Die Menschen laufen den falschen Göttern hinterher. Denn wer seiner Bestimmung folgt, dem fallen Stress und das Verkraften von Niederlagen nicht so schwer.

Das System ist, dass es kein System gibt

Wie erkennt man, wer man wirklich ist? Was einen besonders macht? Was zeichnet mich aus? Wann fühle ich mich bedeutsam? Schwierige Fragen. Haben erfolgreiche Menschen ein System? Sie sind sich im besten Fall ihres Wertes und der Wirkung ihrer Persönlichkeit bewusst. Sie sind sich ihrer selbst bewusst. Sich ihrer selbst sicher. Selbstbewusstsein, das wir äußerlich im Verhalten wahrnehmen, ist Ausdruck einer inneren Haltung und Überzeugung. Das Wissen um das »Ich-Projekt«. Das Know-how über die eigenen Talente, Stärken und Fähigkeiten. Das Einschätzen der eigenen Schwächen und Möglichkeiten. Die Kenntnis der eigenen Grenzen und der eigenen Einmaligkeit. Als bewusste Unterscheidung von anderen. Die Ahnung der eigenen Bestimmung und der eigenen Erwartungen an das Leben.

Stopp! Genug gegrübelt! »Erfolg heißt Tun!«, sagt Goethe.

»Jeder kann alles erreichen, wenn er nur will! Du musst nur die richtigen Wege und Mittel finden!«, hallt es von allen Wänden wider. Der Markt der unbegrenzten Möglichkeiten ist wie der Nebel des Grauens – er macht Angst und blind. Die Qual der Wahl ist die gesellschaftliche Form des Sadismus. Wir müssen und sollen uns positionieren und können uns einfach nicht entscheiden. Die Wahl wird zur Qual. Das Überangebot an Chancen ist, zugegeben, ein Luxusproblem. Mit fatalen Folgen. Der Chancen-Check kostet Energie und geht aufs Gemüt. Je größer die Auswahl, desto schwieriger die Entscheidung. Je mehr Zeit und Kraft zum Nachdenken verbraucht werden muss, desto unliebsamer treffen wir Entscheidungen. Wenn wir eine Auswahl aus zu vielen Angeboten treffen sollen, schieben wir diese gerne auf. Es gilt, sich alle Platten warm zu halten, um eine falsche Entscheidung zu vermeiden. Manchmal hat sich dann zum Schluss alles in Luft aufgelöst und wir sind froh über das, was bleibt. Oder auch nicht.

In grauer Vorzeit galten Traditionen, Erfahrungen wurden Generation für Generation weitergegeben. Werte waren bombenfest, zementiert durch Erziehung, Gesellschaft, Religion und Status. Es gab eine Orientierung, die es heute so nicht mehr gibt. Unentschlossenheit ist der Ausdruck von inneren Konflikten. Man wägt das eine gegen das andere ab, reflektiert Für und Wider. Vorteile gegen Nachteile. Neuwahl. Manchmal ist es auch nicht wichtig, wie wir uns entscheiden. Hauptsache, wir treffen überhaupt eine Entscheidung. Das ist des Rätsels Lösung, die die Denk- oder auch Handlungsblockade löst. Es scheint leichter zu sein, sich *für* etwas, als sich *gegen* all die anderen Angebote zu entscheiden.

- Was will ich mit meinem Leben anfangen?
- Wer will ich sein?
- Was will ich besitzen?
- Womit will ich das erreichen?
- Wann fühle ich mich wichtig?

Finden Sie jeweils 15 Verben, Adjektive, Stärken oder Tätigkeiten zu jeder der genannten Fragen. Wo finden sich Wiederholungen und Muster, wo Gemeinsamkeiten?

Vielleicht bekommen Sie jetzt eine Ahnung davon, welchen Fingerabdruck Sie in dieser Welt hinterlassen

möchten. Welchen Fußabdruck, welche Delle im Universum, wie Steve Jobs einst sagte. Wir können mit dieser kleinen Übung herausfinden, was uns bedeutsam fühlen lässt. Auf der Suche nach der Antwort auf die Frage nach der Relevanz.

Das sind keine Augenringe, das sind die Schatten großer Taten

Tag und Nacht werden wir von unseren modernen Kommunikationsgeräten begleitet. Wir stehen mit dem Handy auf und gehen mit ihm ins Bett. Das Wischen über unser Smartphone ist die zärtliche Geste des herrschenden Zeitgeists. Nach wissenschaftlichen Erhebungen hat jeder Mensch circa 150 andere Menschen als sogenannte Sozialkontakte in seinem Umfeld. Mehr ist trotz der Erfindung der Sprache und der unterschiedlichsten modernen Übertragungswege nicht wirklich machbar. Zudem sind wir in sozialen Netzwerken und virtuellen Communities unterwegs und vermarkten unterschiedliche Seiten von uns selbst. In einer Welt, in der Zeit Geld bedeutet und Beziehungspflege Zeit kostet, bekommt das soziale Netz mehr Wichtigkeit als je zuvor für uns. Und manchmal sollte man vielleicht den Stecker ziehen. Was heißt das für uns, wenn wir mit unserem iPhone ins Bett gehen? Und morgens damit aufwachen? Was heißt es, wenn eine WhatsApp-Nachricht eine Umarmung ersetzt? Was ist passiert? Die kleinen Begleiter haben nicht nur unser Verhalten verändert, sie haben auch uns verändert. Überall und zu jeder Zeit an jedem Ort wird gesimst und getextet und gepostet. In Besprechungen, bei den Mahlzeiten und Dates. Wir sind zusammen, aber nicht wirklich zusammen. Nicht *wir* genießen die volle Aufmerksamkeit unseres Gegenübers, das iPhone tut es. Menschen können nicht genug voneinander bekommen, wenn sie einander auf Distanz nahe sein können.

Nicht zu nah und nicht zu weit weg. Jemand, der sein iPhone für fast seine gesamte Kommunikation nutzt, sagte einmal: »Irgendwann, aber nicht jetzt im Augenblick, würde ich gerne lernen, wieder eine echte Unterhaltung zu führen.« Was ist das Problem daran, eine Unterhaltung zu führen? Das Problem ist, sie findet in Echtzeit statt und Sie können nicht alles kontrollieren. Weder, was Sie sagen werden, noch wie Sie rüberkommen. Sie haben keine wirkliche Kontrolle über die Inhalte. Wir gestalten unser Privatleben heute so effektiv wie möglich. Alles, was wir virtuell tun, gibt uns die Möglichkeit, unser Selbstbild so zu präsentieren, wie wir es wollen. WhatsApp-Nachrichten, Instagram-Fotos bzw. Videos und Postings in den sozialen Netzwerken können wir auswählen, bearbeiten und löschen. So, wie es uns passt und gefällt. Wir können uns so erschaffen, wie wir sein wollen. Wir adden und updaten eine Vision von uns. Wir bauen uns ein perfektes Ich, und was nicht passt, wird passend gemacht oder gelöscht. Anstatt wir selbst zu sein, sind wir mit der Perfektionierung und Selbst-Promotion unseres Profils beschäftigt. Wir erschaffen unser Wunschbild. Was stört, wird wegretuschiert. Damit ändert diese Technologie nicht nur unser Verhalten, sondern auch unser »Ich-Projekt«.

Ich spreche gerne davon, sich nicht zu fragen, wer wir sind, sondern wer wir sein wollen. Aber ein übersteigertes

Idealbild von sich selbst ohne Ecken und Kanten im Netz zu produzieren, ist leider ein kolossales Missverständnis. Menschen sind normalerweise nicht perfekt, sondern chaotisch und fordernd. Wir entschärfen sie mit Technik. Eine Internetverbindung dient nicht dazu, einander richtig kennenzulernen, einander zu verstehen und zu erfahren. In Wahrheit ermöglicht uns diese virtuelle Welt die Flucht. Sie gefährdet unsere Fähigkeit zur Selbstreflexion. Wenn wir uns damit arrangieren, überwiegend mit indirekten Begegnungen zu leben, verlieren wir die Lust am direkten Dialog. Irgendwann legen wir kaum noch Wert darauf. Trotzdem wollen wir gehört und gesehen werden.

Es wird immer wichtiger, ein Facebook-Profil zu haben, über einen WhatsApp-, Instagram- und Twitter-Account zu verfügen, damit wir wahrgenommen werden. Automatisch. Wir entwickeln heutzutage soziale Roboter, die speziell dafür konzipiert werden, Gefährten zu sein mit dem Anschein, uns wirklich zu verstehen. Die Roboter der Zukunft wirken lebendig, schauen in die Augen, folgen interessiert der Unterhaltung und schenken Aufmerksamkeit und Trost. Sie senden programmierte Feedback-Signale. Einfühlungsvermögen wird vorgetäuscht und viele Menschen scheinen heute schon so bedürftig, dass sie all das für bare Münze nehmen. Die Geräte mit all ihren Kommunikationsangeboten verändern unser Empfinden und unser Bewusstsein. Die neuen Kommunikationsformen beeinflussen die Grundlagen unseres Daseins. »Ich teile, also bin ich!« Wir fühlen uns lebendig.

Haben Sie schon mal Ihr Handy verloren? Sie scheinen nicht mehr zu existieren. Wenn Sie nicht teilen können, sind Sie ein Niemand! Sie existieren nicht. Sie fühlen sich ausgeschlossen und isoliert. Während Sie früher hin und wieder einfach nur allein waren, fühlen Sie sich jetzt wirklich einsam. In diesem Moment des Anschlussverlustes wird Ihnen klar, dass Sie die Fähigkeit verloren haben, ohne diese Kontaktversuche zu leben. Wir benutzen die Ausflüchte ins Virtuelle wie Ersatzteile, um unser zerbrechliches Selbstwertgefühl zu stabilisieren. Wir sollten den Gebrauch des Social Net überdenken.

Es geht hier und heute um den Aufbau einer bewussteren Kommunikation im Miteinander. Welche Werte wir entwickeln und wofür wir stehen. Eine Technologie, die verspricht, dass alles, auch Kontakte, immer einfach sind, die sagt nicht die Wahrheit und das Versprechen ist eine Lüge. Wir sollten die neuen Technologien beherrschen und für uns nutzbar machen. Nicht umgekehrt.

Schreiben Sie den Anruf oder die Nachricht auf, den oder die Sie gerne erhalten würden.
Zeichnen Sie Ihr Telefon/Smartphone mit einem schwarzen Stift auf ein Blatt Papier. Seien Sie dabei sehr konkret und präzise. Versuchen Sie, das Gerät so realistisch wie möglich auf das Papier zu bekommen. Da, wo normalerweise die Nummer oder der Name Ihres Wunschanrufers/der Verfasser Ihrer Wunschnachricht steht, notieren Sie den Namen der Person, die Sie anrufen soll. Das Papier ist bis auf die realistische Abbildung Ihres Geräts leer. Dann überlegen Sie sich den Dialog, den Sie sich wünschen und schreiben ihn auf. Gerne an Ihrem Computer oder iPad. Eine Dialogform eignet sich dazu am besten. Hier ein Beispiel:

Ich: »Hallo?«
Thomas B.: »Hallo, hier ist Thomas. Thomas B.«

Ich: »Oh. Du? Tatsächlich? Bist du es wirklich?«
Thomas B.: »Ja, ich wollte dir nur endlich sagen ...«

In unserem permanenten Kommunikations-Overkill verlernen wir oft, die Dinge zu formulieren, die uns wirklich wichtig sind. Da kann es Sinn machen, den verpassten Situationen durch eine Fantasiereise Existenz zu sichern. Die Wirkung kann durchaus befreiende Energie haben.

Thinking out of the box

Mein Auto steht nicht schief,
ich parke nur
nicht Mainstream

Dinge sind manchmal anders zu bewerten, als sie auf den ersten Blick scheinen. »Erstens kommt es zweitens anders, als man denkt!« Für andere scheint das Auto schlecht eingeparkt. Für Sie ist es eine konstruktive Art, auf wenig Raum einen Parkplatz gefunden zu haben. Wer hat nun recht? Alles ist eine Frage der Perspektive. Die Wahrheit liegt im Auge des Betrachters. Geistige Flexibilität macht Sinn. Blockaden sind dagegen das Ergebnis eingeschränkter Weltsicht und Selbstsabotage. Wenn ich eine Gedanken-Blockade bezüglich eines »Ich-Projekts« habe, wechsle ich einfach mal den Raum. Innerlich oder äußerlich. Manchmal mache ich auch einen Witz. Oder ich erinnere mich an eine kluge Bemerkung, beispielsweise die von Luis Buñuel: »Thank God I'm an atheist.« Schon muss ich lachen und finde aus der gedanklichen Starre heraus. Tolle Sache.

Blockaden sind dagegen anstrengend. Man kann sie oft nicht mit derselben Denkweise lösen, durch die sie entstanden sind. Eigentlich nie. Versuchen Sie krampfhaft, eine Lösung zu finden, indem Sie am Alten festhalten, dann werden Sie nicht weit kommen. Ungeduld bringt nichts. Wut noch weniger. Selbst-Beschimpfungen sind kontraproduktiv. Selbstmitleid genauso. Wahrscheinlich gibt es die »einzig wahre« Vorgehensweise zur Auflösung der Situation gar nicht.

Mir hilft oft die Kopfstandmethode. Ich denke einfach das Gegenteil von dem, was angeblich richtig und von Vorteil ist. Eine Frage könnte beispielsweise lauten: Wie reali-

siere ich ein »Ich-Projekt«? Ich denke dann mithilfe der Kopfstandmethode darüber nach, was ich alles tun kann, um mein Ziel nicht zu erreichen. Frei nach dem Motto: »Wie verhindere ich, dass mein ›Ich-Projekt‹ ein Erfolg wird?« Die Antworten darauf und die Ideen dazu benutze ich dann als Sprungbrett für konstruktive Strategien. Aus der Not-to-do-Liste entwickele ich eine To-do-Liste. Mein Buch »Ich habe keine Lösung, aber ich bewundere das Problem!« habe ich auf diese Art und Weise geschrieben. Die Technik klappt hervorragend, wenn ich nicht versuche, zu seriös zu sein. Mut zur Verrücktheit ist durchaus nützlich und hilfreich. Und es macht Sinn, nicht darüber nachzudenken, was die anderen wohl zu den Gedanken sagen würden. »Warum ich grinse? Kopfkino!«

Hin und wieder sorge ich auch für einen Cut. Ich schaue ins Internet oder aus dem Fenster und benutze das, was mir als Erstes ins Auge springt oder was einen Impuls auslöst, als Sprungbrett für die Entwicklung einer neuen Idee. Egal, ob es Sinn macht oder nicht. Hauptsache, die Gedanken kommen wieder in Bewegung. Gedankenkarussell fahren ist ein schöner Zustand. Wie albern die Ideen auch sind, ich lasse sie erst einmal zu. Ohne Wertung und ohne Zensur. Wie im ersten Schritt bei der sogenannten Walt-Disney-Methode: Zuerst ist der Träumer dran, danach der Realist, dann der Kritiker. Das bringt das Hirn in Schwung. Also, mit anderen Worten: Stecken Sie gedanklich in einem Aufzug fest, wechseln Sie die Perspektive.

Eine gute Idee ist es auch, es mit etwas anderem zu versuchen. In meinem Fall zum Beispiel beim Schreiben eines Manuskriptes: vom Laptop auf die Handschrift umzusteigen oder umgekehrt und wieder zurück. Ein Diktaphon zu benutzen statt die Tastatur oder die eigene Hand ist auch eine Möglichkeit.

Warum das alles? Weil es die Gedanken befreien kann. Humor ist immer eine Option. Keine Sorge, man muss nicht originell sein, um originell zu sein. »Good things happen, while you smile – or when you're naked!«

Lesen Sie Ihr Lieblingsbuch aus dem fünften Schuljahr nochmal. Besorgen Sie sich eine Ausgabe dieses Buches. Das ist manchmal schwierig, aber heutzutage durchaus möglich. Lesen Sie es wieder.
Warum hat es Ihnen damals so gut gefallen? Gefällt es Ihnen jetzt auch noch? Warum? Warum nicht? Erzählt es etwas über Sie? Damals und heute?
Menschen sind lernende Organismen. Wir sind das Ergebnis stetiger Veränderung. Nur wer sich verändert, bleibt. Das haben Sie mit dem Tool gezeigt.

Wenn mir jemand sagt,
ich wäre nicht normal,
dann weiß ich,
dass ich mich auf dem
richtigen Weg befinde

»If everybody likes what you are doing, you're doing it wrong!«

Wie kann ich aus mir etwas Besonderes machen? Ein »Ich-Projekt« ist relativ einfach. Stellen Sie sich eine Aufgabe und versuchen Sie, nicht dem erstbesten Impuls, der erstbesten Idee zu folgen, sondern vertrauen Sie dem nächsten Impuls, der nächsten Idee. Damit meine ich nicht das Nächstbeste. Vertrauen Sie Ihrer Intuition, die wird wissen, wann etwas eine Relevanz für Sie hat. Das kann man trainieren.

Ein Beispiel: Sie haben einen lebenslangen Traum, einen eigenen Duft herzustellen. Nehmen wir an, Sie wollen ein Parfum kreieren, das andere mit Ihrem Namen assoziieren. Sabine Asgodom, Coaching-Ikone und Bestsellerautorin, hat das gewagt. 2013 hat sie ein Parfum bei Grasse in Frankreich herstellen lassen. »Sweetsuccess« heißt es konsequenterweise. Sie hatte im Vorfeld eine Erhebung gemacht, was Menschen, die Sabine Asgodom kennen und schätzen, gerne von ihr kaufen würden. »Ein Parfum!« war unter anderem die Antwort. Da trafen sich überraschenderweise Wunsch und Nachfrage. Gesagt, getan. Mit dem Slogan »Der süße Duft des Erfolgs« wirbt Sabine Asgodom heute für die Kreation. Erfolg kenne sie zu Genüge, heißt es weiter. Der Claim lautet: »Ein Parfum für Frauen, die wissen, dass sie großartig sind. Die lieben und geliebt werden. Die ihre Erfolge genießen. Die sich zeigen und gesehen werden wollen. Für selbstbewusste Frauen in jeder Situation, ob beruflich oder privat.« So kann man es auf der Homepage lesen.

Doch dabei belässt es eine Sabine Asgodom nicht. Sie geht gerne neue Wege. Und entwickelt Strategien, die ihr ganz persönlich entsprechen. Sie verfasste darüber hinaus einen Vortrag, den sie auf diversen Veranstaltungen präsentiert. Titel: »Der süße Duft des Erfolgs!« Hierbei knüpft sie an die ihr zu Recht zugeschriebene Coaching-Kompetenz an und entwickelt die Erfolgspyramide, die die Schlüsselbegriffe des Parfums und das Wording des Coachings geschickt miteinander verbinden. Sie spricht von der starken Basis, dem mutigen Herzen und dem klaren Kopf. Dazu stellt sie gekonnt Brücken zu Stärken und Strategien her, zu Zielen und Kompetenzen. Den Duft gibt es zum Testschnuppern im Anschluss an die Veranstaltung. Doch damit nicht genug. Sie ging noch einen Schritt weiter. Als Bestsellerautorin brachte sie auch noch ein Coaching-Buch mit dem Titel »Der süße Duft des Erfolgs« heraus. Im Einband befindet sich, Überraschung, eine Probe-Ampulle des Parfums »sweetsuccess«. Weltweit erschien so das erste Buch mit eigener Duftnote. Natürlich fanden nicht alle Menschen die Idee gelungen. Einige fragten sich, ob Sabine Asgodom damit nicht langsam die Grenze des guten Geschmacks überschreite. Was denn ein Parfum mit der Coachingbranche zu tun habe? Und ob das nicht ein Irrweg sei, sie solle sich doch auf ihre Rolle als Coach konzentrieren. Sie ruiniere den eigenen Ruf und die Reputation der Branche, die doch so gerne endlich als professionell wahrgenommen und ernst genommen werden will.

Ungewöhnliche Ideen provozieren immer Widerspruch.

Erfolg erzeugt Neider. Individualität schafft Feinde. Aber hat nicht schon Marilyn Monroe gesagt (die Frau, die im Bett angeblich nur Chanel N°5 getragen hat): »It's better to be absolutely ridiculous, than absolutely boring!« Was nichts anderes bedeutet, als Risiken einzugehen und selbstbewusst Neues zu wagen. Immer mit dem Risiko verbunden, sich lächerlich zu machen.

Ich allerdings finde, Sabine Asgodom hat, wieder einmal, mutig neue Felder erschlossen und ein selbst formuliertes »Ich-Projekt« auf eine unkonventionelle und hochprofessionelle Art und Weise erfüllt. Damit hebt sie sich erfreulicherweise von vielen rein konform denkenden und handelnden Geistern ab. Risikofreude erschließt ganze Welten und neue Märkte. Hin und wieder scheitert man. Hin und wieder gewinnt man. Sabine Asgodom hat mit ihrem »Ich-Projekt« Erfolg. Der gibt ihr also recht. Mal wieder.

Drei einfache Lebensregeln für das »Ich-Projekt«

- **Wenn Sie nicht danach streben, was Sie haben möchten, werden Sie es nie erreichen.**
- **Wenn Sie nicht um etwas bitten, werden Sie immer ein Nein bekommen.**
- **Wenn Sie keinen Schritt vorwärts gehen, werden Sie immer auf der Stelle treten.**

Curiosity killed the cat!

»Neugier ist der Katze Tod«, so das englische Sprichwort. Das heißt nichts anderes als, wer seine Nase in fremder Leute Angelegenheiten steckt, kann umkommen. Die Lehre daraus lautet also: Vermeide Neugierde, denn sie könnte tödlich sein. Ist das ein erstrebenswertes Verhalten? Gerade die Neugier ist doch Motor für die eigene Motivation und für konstruktiven Aktionismus. Wenn uns nicht die Lust auf Neues voranbringt, was dann? Ich plädiere für eine Neuinterpretation und Neubewertung der Neugierde. Diese Eigenschaft sollte wertgeschätzt werden, weil sie als Nährlösung für die Weiterentwicklung unserer »Ich-Projekte« fungiert. In diesem Zusammenhang finde ich die lebhafte Diskussion um den bedingungslosen Mindestlohn extrem spannend. Die Idee, allen Menschen ein Grundeinkommen von vielleicht um die 1000 € im Monat aus der Staatskasse zukommen zu lassen, elektrisiert seit einiger Zeit die Gemüter. Und weckt die Neugier: Was wäre, wenn? Was würde passieren, wenn die Gesellschaft diesen Weg gehen würde? Wie würde man sich als Empfänger verhalten? Was würde es mit einem machen? Ausgerechnet die Schweiz ist bei diesem gedanklich revolutionären Sachverhalt Vordenkerin.

Wahrscheinlich wäre man als Empfänger eines solchen Grundeinkommens im ersten Moment auf sich selbst zurückgeworfen. Was fängt man mit dem Vertrauen an, das die Gesellschaft in einen setzt? Der berühmte Satz von John F. Kennedy »Frage nicht, was dein Land für dich tun kann, sondern was du für dein Land tun kannst!« bekäme eine ganz aktuelle Qualität. Was kann ich der Gesellschaft für den Vertrauensvorschuss zurückgeben? Das Grundeinkommen würde erst einmal vielen Menschen, die in Hartz IV und anderen Sozialleistungen gefangen sind, einen Teil ihrer Würde zurückgeben. Der Plan zur Finanzierung sieht vor, die Lohn- und Einkommensteuer abzuschaffen und alle Sozialleistungen zu ersetzen. Dafür wird die Mehrwertsteuer die einzig gültige Steuer und drastisch auf alle Artikel erhöht. Ich glaube daran, dass der Mensch im Grunde seines Herzens arbeiten will. Damit er nicht vor Langeweile umkommt und an einem Bore-out erkrankt.

Die Frage, die unter anderem im Raum steht, lautet: Würden Sie mit Ihrem aktuellen Beruf aufhören? Würden Sie die Arbeit einstellen, um sich anderen Dingen zu widmen?

In der Frage klingt der Verdacht an, dass die Menschen nicht arbeiten, weil sie es gerne tun. Sondern weil sie müssen. Was natürlich auch ein Teil der Wahrheit ist. Vor allem, wenn sie nicht in einem Bereich arbeiten, der ihnen Spaß macht und ihren Stärken entspricht. Viele Menschen arbeiten gegen ihren Willen, ihr Gefühl und ihr Selbstverständnis und lassen sich dafür quasi ein Schmerzensgeld oder eine Art Schadensersatz zahlen – ihr Gehalt. Wenn das für alle Arbeitnehmer so wäre, dann wäre die Flucht aus dem Beruf bei einem bedingungslosen Grundeinkommen natürlich vorprogrammiert. Das ist vergleichbar mit dem Generalverdacht, dass bei der Möglichkeit, früher in Rente gehen zu können, alle alles stehen und liegen lassen und die Lücke im System suchen, um davon zu partizipieren.

Was für ein Menschenbild steht hinter einem solchen Generalverdacht? Ist dieses Weltbild ein Ausdruck unserer Ellenbogengesellschaft? »Ich würde ja weiterarbeiten, aber die anderen bestimmt nicht. Die nutzen mich dann hemmungslos aus!« Wenn wir so voneinander denken, dann wird sich in Zukunft nicht viel ändern. Sieht denn wirklich die momentane Arbeitswelt in Deutschland so aus? Das erschiene mir wie eine Bankrotterklärung unserer Leistungsgesellschaft. Ich glaube, der Mensch will Leistung auf hohem Niveau erbringen. Wenn er weiß, *warum* er das will und wenn er die größtmögliche Freiheit für das *Wie* erhält. Geld vom Staat zu bekommen, ohne dass eine Forderung damit einhergeht, macht anscheinend neugierig, misstrauisch und gleichzeitig Angst. Wir sind es durch unsere Erziehung nicht gewohnt. Das scheint unserem Verständnis von Disziplin und Verantwortungsgefühl zu widersprechen. Dafür fehlt uns letztlich das Bewusstsein. Wir glauben schnell an eine Falle oder eine Idee von Spinnern und Sozialromantikern.

Vielleicht entwickelt sich dieses neue Denken auch deswegen, weil wir uns an einem Scheideweg befinden: auf dem Übergang von einer reinen Leistungsgesellschaft hin zu einer Kultur- und Informationsgesellschaft. Dafür werden neue Ideen und Formen des Miteinanders gebraucht. Der Kapitalismus droht zu scheitern, wenn man sich die zu erwartende Altersarmut in der Zukunft anschaut. Immer weniger Menschen müssen immer mehr Menschen durch ihr Arbeitspensum versorgen. Die Alterspyramide hat sich gedreht. Von wegen: »Die Renten sind sicher!« Grundsätzlich geht es um nicht weniger als die Erweiterung der Vielfalt des Broterwerbs. Es wäre doch auch möglich, dass wir das Geschenk eines bedingungslosen Grundeinkommens als Chance sehen. Weg vom Verdacht des egoistischen Schmarotzers hin zu einem Appell an die individuelle Verantwortung des Einzelnen. Ich bekomme eine Geldleistung und fühle mich dadurch menschlich verpflichtet, aktiv zu bleiben, damit es nicht nur mir gut geht. Sondern auch darauf zu achten, dass es den anderen ebenso gut geht.

Der Traum von einem Leben ohne Druck scheint mir eine beflügelnde Idee. Doch braucht es Neugier und Mut, um sie weiterzudenken. In alle möglichen Richtungen. Die entscheidende Frage lautet doch: Ist »Nichtarbeit« für Menschen überhaupt erstrebenswert? Denn Glück und Arbeit sind oft nur im Dialog und als Paket erreichbar. Arbeit stiftet im besten Fall Sinn. Schafft Identität und Sozialkontakte. Stärkt das Selbstbewusstsein und die soziale und emotionale Kompetenz. Anerkennung und Wertschätzung sind Erfolgsmotivatoren. Jeder wäre schnell in der Gefahr, unglücklich zu werden, würde er auf Arbeit verzichten wollen, nur weil er eine Grundsicherung vom Staat bekommt. Faulheit und Passivität sind das Einfallstor ins persönliche Unglück. Menschen wollen gestalten und gebraucht werden. Dafür bekommen sie Respekt und Anerkennung. Wer will schon auf diese Zufriedenheitskomponenten freiwillig verzichten? Vielleicht würde mit dem Grundeinkommen ein wenig mehr innere Freiheit für den Arbeitnehmer verbunden sein. Mit der Konsequenz, dass er sich glücklicher fühlt. Zufriedene Mitarbeiter sind wiederum ein Gewinn für das Unternehmen. Wer Freude am Beruf hat, arbeitet gerne und gut. »Wer schaffen will, muss fröhlich sein!«, hat schon Fontane gewusst. Bedingungsloses Grundeinkommen kann einen gewaltigen Bewusstseinsschub verursachen.

So oder so, es ist eine inspirierende Utopie. Ohne die Kraft der Neugier gäbe es diese Vision gar nicht. Neugier schafft Fortschritt gegenüber alten Denkverboten. Vielleicht überleben viel mehr Katzen durch ihre Neugierde, als der Mensch glauben will. Wir schauen nur in die falschen Statistiken.

Die »Als-ob«-Challenge

Tun Sie einfach mal eine Zeit lang so, *als ob* die Welt so wäre, wie Sie Ihnen gefällt. Überlisten Sie Ihre gewohnten Denkweisen. Denken Sie darüber nach, was Sie anders machen würden, wenn es überhaupt kein Problem gäbe.

- Wie würden Sie gerne sein?
- Wer würden Sie gerne sein?
- Was würden Sie dann gerne machen?

Erlauben Sie sich, allein mithilfe Ihrer Vorstellungskraft ein Bild zu erzeugen. Ihr »Ich-Projekt«. Und dann verhalten Sie sich danach. In der Realität.
Keine Sorge! Das ist nur ein vorübergehendes Experiment.

Vom Ergebnis her zu denken, schafft Motivation.

»Skifahren ist halt das Einzige, was ich richtig gut kann«: Der Skirennläufer Felix Neureuther

Felix Neureuther hat einmal erzählt, er würde eine Stunde brauchen, um morgens aus dem Bett zu kommen. Nicht, weil er zu müde sei, nein, weil er so lange brauche, um seinen Körper in Form zu bringen. Ein Mann, der von sich sagt, den perfekten Schwung zu haben, kämpft immer wieder mit seiner Beweglichkeit. Ein »Stangentänzer« ringt um seine Eleganz. Das ist kein neues Thema. Schon früh in seiner Karriere scheint er dem Leistungssport seinen Körper zu opfern. Er ging oft über Schmerz- und Leistungsgrenzen hinaus. Das scheint sich heute leider für den 30-Jährigen zu rächen. Auf seiner Facebook-Seite steht: »Hinfallen ist keine Schande, nur liegen bleiben!« Ich kenne Felix Neureuther als Mensch mit einem großen Herzen und einem brillanten Sinn für Humor. Er soll auch unangenehme Seiten haben. Aber wer hat die nicht?

Unvergessen sein Autounfall auf dem Weg zu den Olympischen Spielen 2014 in Sotschi und sein Ausspruch »Tut mir leid, Planke!«. Erst ist er mit dem Auto voll in die Leitplanke gefahren, dann steigt er danach mit einem Schleudertrauma in das Flugzeug, um seinen Traum zu leben: Olympiasieger! Er arbeitet sich durch ein brutales Reha-Programm und stellt sich dem beinharten Wettbewerb. Auch ohne Training erzielt er Spitzenleistungen. Ein Wunderknabe. Oder auch Batman. So nennt er sich selber.

Er gewinnt nicht »wegen«, sondern immer öfter »trotz« der Umstände. Manchmal kann man den Eindruck gewinnen, dass er die aussichtslose Situation als Stimulans braucht. Dabei will er doch nur eins: »Ich habe den schönsten Schwung der Welt und den will ich zeigen, vor allem mir!« Alles andere ist inzwischen Zubrot. Er hat gelernt, seine verbissene Ergebnisorientierung zu einer spielerischen Erlebnisorientierung zu transformieren. Irgendwann war »schneller, höher, weiter« keine Option mehr. Über den Umweg »Freude am Tun« seine Ziele zu erreichen war der Plan.

Die sogenannte Leichtigkeit des Seins spielt eine wichtige Rolle im Leben von Felix Neureuther. Er spielt mit dem Macho-Bild der Skirennfahrer, indem er ein Foto von sich als einem jungen Mann im Dornröschenkostüm auf seiner Facebook-Seite veröffentlicht. Oder indem er den Harlem Shake in seinem YouTube-Video in allen möglichen Rollen durchtanzt und dem Mackertum grinsend den Mittelfinger zeigt. Er kann über sich selber lachen, indem er als einer der weltbesten Slalomfahrer ohne Eitelkeit seine Fahrt in den Tiefschnee mit peinlichem Sturz postet. Sein Lachen im Video sprengt alle Konventionen. Er spielt gerne mit den herrschenden Klischees und inszeniert seine innere Freiheit. Das Video, in dem er über Gebirgsschluchten balanciert, ist legendär. Sein Witz über einen Wechsel nach Österreich schlug hohe Wellen. Ein ausgeprägter Gerechtigkeitssinn ist ihm zu eigen. Er kämpft um sportliche Fairness und um Menschenrechte. Als einer der wenigen Sportler kritisierte er die Veranstaltung und die Veranstalter der Olympischen Spiele in Sotschi.

Felix Neureuther ist ein Mensch mit unbändiger Energie. So sehr sein Augenmerk auch auf dem Leistungssport liegen mag, er hat immer auch den Kopf frei für Menschen, die ein Handicap haben. Dies sind für ihn die wahren Helden. Ihnen begegnet er mit Freude und Respekt. Sie sind für ihn Vorbild, Inspiration und Motivation. Bis 2018 will

Neureuther weitermachen. Seine große Willenskraft wird seine Energie hochhalten. Er ist ein Kraftwerk und stellt sich eigenhändig unter Strom. Außerdem hat er ja keine Wahl, denn er kann, so teilt er uns augenzwinkernd mit, nichts anderes richtig gut. Und solange er seine Rückenprobleme mit Humor nehmen kann, indem er sich mit zwei coolen 94-Jährigen fotografieren lässt, mit dem Hinweis, von ihnen die besten Reha-Tipps for ever erhalten zu haben, muss man sich über ein Ende seiner Karriere keine Sorgen machen.

»Wer in den Fußstapfen
eines anderen wandelt,
hinterlässt keine eigenen Spuren«
(Wilhelm Busch)

Preisen Sie Ihre Lehrmeister. Wenn die da draußen Sie irgendwann als »prominent« betrachten sollten, weil Sie erfolgreich in Ihren »Ich-Projekten« sind, dann danken Sie immer Ihren Mentoren. Wussten Sie, dass die Sängerin und wahnsinnig erfolgreiche britische Popsängerin Adele nicht prominent sein, sondern als Künstlerin betrachtet werden will? Eine Ausnahme heutzutage. Vor allem in einer Zeit, in der Leute schon »prominent« sind, nur weil sie prominent sind.

Wenn das Schicksal es gut mit Ihnen meint und alles rund läuft auf Ihrem Karriereweg, dann erinnern Sie sich an die Menschen, die Sie dahin gebracht haben. Weil sie Sie inspiriert haben, weil sie Sie gefördert und gefordert haben, weil sie Sie ernst genommen haben. Vergessen Sie sie nicht und sprechen Sie von ihnen voller Begeisterung. Und nehmen Sie sie sich zum Vorbild. Geben auch Sie ein Beispiel. Wissen will geteilt werden. Ohne Rücksicht auf jeglichen Status- und Konkurrenzkampf.

Gibt es Ikonen und Idole in Ihrem Leben? Wer sind sie und warum? Sie können auch eine Nummer kleiner denken und von Vorbildern sprechen.

Hier ein paar Zitate von Menschen, die mich auf meinem Weg begleiten:

- »Wenn ich meine Kunden gefragt hätte, was sie wollen, hätten sie ›schnellere Pferde‹ gesagt!« (Henry Ford, Autohersteller)
- »Tue nichts, was jemand anderes tun könnte. Nimm kein Projekt in Angriff, außer es ist wirklich wichtig und fast unmöglich!« (Edwin Land, Erfinder des Polaroid-Trennbildfilm-Verfahrens)
- »Wer nur in kleinen Dimensionen denkt, wird nie etwas Großes erreichen!« (Steve Jobs, Mitgründer von Apple)
- »Steve Jobs besaß die Fähigkeit, neue Wege zu finden und Dinge zu tun. Es ging nicht darum, das Vorhandene zu verbessern, sondern es ganz anders zu machen.« (Steve Wozniak, Mitgründer von Apple)

Solche Schlüsselsätze oder Schlüsselworte können ein wunderbarer Impulsgeber und Mutmacher für einen Menschen sein. »Durchhalteparolen« in schwachen Momenten, stürmischen Zeiten und Trost in traurigen Stunden.

Ein bedeutsames Banner

Rufen Sie sich einen Satz, einen Sinnspruch oder eine Kalenderweisheit in Erinnerung, die für Sie eine Bedeutung haben. Dann schreiben Sie diesen Spruch oder diese Weisheit Buchstabe für Buchstabe jeweils auf ein Din-A4-Blatt, die Farben des Papiers können beliebig wechseln. Ein Buchstabe pro Papier. Schreiben Sie in Großbuchstaben. Danach knicken Sie die Oberkante aller Blätter so um, dass unter ihr eine Schnur durchgezogen werden kann. Legen Sie die Schnur auf die Blätter und verkleben Sie die Oberkanten. Trocknen lassen. Oder Sie bedienen sich gleich eines echten Banners. Verfassen Sie den Text dazu und lassen Sie ihn designen. Dann geht er in Druck. Achten Sie auf Ösen am Transparent.

Jetzt hängen Sie die Weisheit in Ihrer Wohnung auf. Oder im Garten oder auf dem Balkon, dann haben die Nachbarn auch etwas davon. Oder im Park zwischen zwei Bäumen ...

Auf diese Weise können auch andere Menschen daraus lernen und Worten Taten folgen lassen.

Suchen Sie sich einen Satz aus, der Sie weitergebracht hat. Und von dem Sie sich wünschen, Sie hätten ihn schon früher gehört.

Worte sind wie Menschen, die in uns eine Resonanz erzeugen. Sie sind große Energiespender, wenn wir ihnen Gehör schenken.

Verbringen Sie Zeit mit einem sterbenden Menschen

Schenken Sie eine Stunde oder mehr einem todkranken Menschen. Das kann jemand sein, dem Sie nahe stehen. Aber auch ein komplett Fremder. Es gibt viele Menschen, die niemals Besuch bekommen. Und vielleicht froh über Ihr Erscheinen sind. Schauen Sie unter »Sterbe-Hospiz« im Internet nach und suchen Sie eins in Ihrer Nähe auf. Sprechen Sie mit der Leitung des Hospizes. Bekommen Sie die Erlaubnis, jemanden zu besuchen, halten Sie sich einfühlsam zurück und schenken Sie Ihrem Gegenüber Ihre volle und uneingeschränkte Aufmerksamkeit. Nehmen Sie intensiv Notiz von der Person, der Atmosphäre und der Umgebung.
Spüren Sie nach, wie es dem Menschen geht. Und beobachten Sie sich ebenso genau. Studieren Sie Ihre Gefühle und Gedanken in dieser besonderen Situation.
Hier werden die Dinge deutlich, die eine Relevanz spüren lassen. Im Angesicht des Todes erkennen viele Menschen die Notwendigkeit, ihrem Leben Sinn zu verleihen.

Spielernaturen haben die besseren Karten

Ein »Ich-Projekt« ist wie ein Spielzeug, nur für Erwachsene. Nirgends sonst lässt sich die Freude am Spiel besser genießen. Joseph Spearce meinte: »Das Spiel ist der einzige Weg, wie sich die höchste Intelligenz des Menschen entfalten kann.« Spiel erfordert neben aller Leichtigkeit und Lockerheit auch immer einen großen »heiligen« Ernst in der Sache. Das Gefühl der Macht, die Spielregeln selbst zu bestimmen, ist ein Ausdruck von Nonkonformismus. Das schafft Spaß und Spannung. Es gibt uns die seltene Möglichkeit, unsere eigene Individualität zur Geltung zu bringen. Im Spiel zeigen viele Menschen ihren wahren Charakter. Gewinner und Verlierer bieten ungeschminkte Einblicke in ihre akute Gefühlswelt. Wir erfahren, wie gut es sich anfühlt, im Besitz eines Gewinns zu sein oder Teil eines Siegs. Spielernaturen sind auf der Suche nach einer besseren Zukunft. Gemeinsam erleben wir, Teil einer Gemeinschaft zu sein, einer Gemeinschaft von gleichermaßen liberalen, kreativen und in die Zukunft orientierten »Ich-Projekten«. Wer früh gelernt hat, das Spielen zu genießen, ohne Ansehen des Ergebnisses, wer allein die Freude am Spiel im Fokus hat, hat einen wichtigen Meilenstein in seiner Karriere genommen. »Erwischt es dich jung, hast du eine Erfahrung fürs Leben!« Spieler sind Querdenker aus Passion. Wir sind heute in der luxuriösen Lage zu überlegen: »Was für ein Spielertyp möchte ich für mein ›Ich-Projekt‹ sein?« Nichts ist spannender, als dabei zu sein, wenn spielerisch »Ich-Projekt«-Geschichte geschrieben wird. Wir kreieren im Spiel eine eigene Wirklichkeit.

Das Energiefeld, das durch die eigene Konzentration und

hundertprozentige Hingabe an die Aufgabe entsteht, kann man beinahe mit dem Zustand im »Reality Distortion Field« vergleichen, einem Begriff aus der zweiteiligen Star-Trek-Folge »The Menagerie«. Das Realität-Verzerrungs-Feld bedeutet nichts anderes, als dass Außerirdische ihre eigene Welt durch die Kraft mentaler Energie erschaffen. Was leisten wir anderes, wenn wir in einem »Ich-Projekt« aufgehen? »Reality Distortion Field« (RDF) ist also die Kunst, mithilfe der eigenen Gedanken eine Wirklichkeit zu erschaffen. Manche träumen heute schon von dem »RDF to go«. Steve Jobs galt als ein perfekter Vertreter dieser Methode. Er hatte die Magie, Menschen durch sein Wesen und die Art und Weise, sich für etwas zu begeistern und sich anderen mitzuteilen, in seine eigene Wirklichkeit hineinzuziehen und zu verführen. Das gelang ihm durch eine begeisternde Mischung aus Angeberei, Marketingtools, Hartnäckigkeit, Charmeoffensive und – vor allem anderen – mit seinen Produkten. »Wir werden die Welt auf unsere Weise zu einem besseren Ort machen!«, sagte er. Das klang wie ein Versprechen: Die Befreiung aus einer Art Vorstadthölle. Manchmal haben wir gar nicht gewusst, dass wir darin lebten …

Gerade im Spiel macht man oft die Erfahrung, dass man, wenn es funktioniert hat, es beim nächsten Mal genauso wieder machen will. Es ist aber besser, nicht zu lange bei diesem einen Erfolgsrezept zu bleiben. Es ist oft Erfolg versprechender, darüber nachzudenken, wie es anders auch gehen kann. Und was vielleicht als Nächstes an Neuem kommen könnte. Wiederholung und Routine sind keine Erfolgsgaranten, sondern der Tod jeglicher Kreativität in »Ich-Projekten«. Das Erfolgsprinzip der ständigen Neuerfindung scheint erfreulicherweise in der DNA vieler Spielerpersönlichkeiten festgeschrieben zu sein. Diese genetische Veranlagung bewirkt nichts anderes, als alles auf Neuanfang zu stellen, wenn man sein Ziel erreicht hat. Punkt. Aus. Schluss. Im Augenblick des Gelingens fühlt der Spielertyp natürlich Stolz. Er schätzt diesen besonderen Moment. Aber dann muss es doch fix weitergehen. Denn jeder Spieler weiß, der süße Duft des Erfolgs verflüchtigt sich schneller, als einem manchmal lieb ist. Einem Gewinn folgt die Jagd nach dem nächsten. Das ist die besondere Mentalität von Spielernaturen: sich immer wieder neue Ziele zu suchen, um sich neu zu fokussieren. Spielerisch eilen sie von Erfolgsgeschichte zu Erfolgsgeschichte. Von »Ich-Projekt« zu »Ich-Projekt«. Alles nur, um Bedeutung und Relevanz für sich und die Welt zu spüren. Dieser Wunsch verlangt im Spiel wie im Leben, die immer wiederkehrende Konzentration auf das Wesentliche, um die Dinge wirklich richtig und gut zu machen.

Ein weiterer wichtiger Aspekt gehört auch noch dazu: der tagtägliche Abschied von Ideen, um sich stattdessen dem zentralen und alles entscheidenden »Ich-Projekt« zu widmen. »Kill your darlings!«, heißt es da scheinbar lässig. Doch Loslassen ist oft schwerer, als man denkt. Wenn ich das Leben wie ein Spiel begreife, muss ich mich darauf einstellen, immer wieder neu infrage zu stellen und neu zu denken. Alles, was man tut und fühlt, auf den Prüfstand zu stellen, um sich vielleicht am Ende doch davon zu verabschieden. Spielertypen wissen, dass uns das Spiel des Lebens nicht viele Chancen bietet, um Relevanz zu spüren. Da gilt es, alle Angebote direkt zu erkennen und Möglichkeiten schnell und konsequent zu nutzen. Das geht nur, wenn man sich auf die Gegenwart konzentriert, um die Zukunft zu entwickeln. Ohne sich dabei ständig den Kopf über die Vergangenheit zu zerbrechen. »Heute war damals Zukunft!« Spielermentalitäten regieren im Hier und Jetzt die Welt.

»Only boring people are boring!«

Fußballer und Popstar: Günter Netzer

1965 stieg Netzer mit Gladbach in die Bundesliga auf. Der Beginn einer großen Karriere. Den Begriff »aus der Tiefe des Raumes kommend« prägte er unnachahmlich. Als Regisseur auf dem Platz tauchten seine Pässe immer wieder wie aus dem Nichts auf. Aber nicht nur auf dem Spielfeld war Netzer ein Individualist. Seine berühmte Langhaarfrisur machte ihn unverwechselbar und zur Stilikone. Wie seine Pässe mussten auch seine Haare sitzen. »Lange Pässe, lange Haare!« Großes Gesprächsthema war auch seine öffentliche Vorliebe für Ferraris. Seine Mannschaft nahm derweil den Bus zum Spiel. Seine Beschäftigung als Diskothekenbetreiber, der er parallel zu seiner Karriere als Fußballprofi nachging, war ebenfalls nicht unumstritten.

Netzer galt als Rebell. Diese Rolle lehnte er lächelnd ab. Kalkül? Doch der Erfolg blieb immer sein Freund: Zweimaliger Deutscher Meister, zweimaliger Deutschlands Fußballer des Jahres, Weltmeister und Europameister mit der Deutschen Nationalmannschaft, Spieler für Real Madrid und Zürich. Legendär ist bis heute seine Selbsteinwechslung zu Beginn der Verlängerung des Pokalfinales im letzten Spiel für Gladbach gegen den 1. FC Köln. »Ich spiel das jetzt!« Gesagt, getan. Dann schoss er das entscheidende Tor zum 2:1. Rudi Völler bezeichnete Netzer nach seiner Karriere einmal rückblickend frech als »Standfußballer«! Nach einem öffentlichen Disput trat aber bald wieder Ruhe zwischen den Streithähnen ein. Als Manager des HSV fuhr er drei Meistertitel ein sowie den Europapokal der Landesmeister, die heutige Champions League. Dann gründete er die Firma Infront. Als Rechte-Vermarkter vertritt er bis heute viele Vereine. Seine Zusammenarbeit als TV-Experte im Duo mit seinem Siez-Freund Gerhard Delling als Kommentator schrieb Fernsehgeschichte. Er galt als der »Auf-den-Punkt-Bringer« und »Fußball-Versteher«. Beide wurden mit den Muppet-Figuren Waldorf und Statler verglichen. Lohn war der Grimme-Preis. Heute, mit 70, sagt er: »Ich möchte nie erwachsen sein!«

Wer der Herde folgt, läuft immer den Ärschen hinterher

»Don't worry if you're making waves simply by being yourself. The moon does it all the time.« Die »Think different«-Kampagne von Apple zeigt in dieselbe Richtung wie dieser Spruch. Sie richtet sich an alle, die anders denken, an die

Rebellen, die Idealisten, die Visionäre, die Querdenker. Die, die sich in kein Schema pressen lassen, die, die Dinge anders sehen. Menschen, die sich keinen Regeln beugen. Und die keinen Respekt vor dem Status quo haben. Wir können sie zitieren, ihnen widersprechen, sie bewundern oder ablehnen. Das Einzige, was wir nicht können, ist, sie zu ignorieren. Weil sie Dinge verändern. Weil sie die Menschheit weiterbringen. Und während einige sie für verrückt erklären, sehen wir in ihnen Genies. Denn die, die verrückt genug sind, zu denken, sie könnten die Welt verändern, sind diejenigen, die sie wirklich verändern. Wer glaubt, die Welt verändern zu können, hat eine bahnbrechende unkonventionelle Lebenseinstellung. Diese Haltung empfiehlt, eher dem eigenen Bauchgefühl zu folgen als irgendeinem rationalen Kompass. Sie baut auf den Wert persönlicher Erfahrungen. Und sie weiß, dass der Mut zur Innovation durch »Ich-Projekte« den Unterschied macht zwischen einem Vordenker und einem Mitmacher. Mit eben dieser Lebenseinstellung werden Sie nie Teil einer Herde sein.

Zugleich ist sie ein Aufruf an uns, Menschen mit eingeschränkter Sicht auf die Welt zu meiden. Die Neinsager. Die, die immer »Ja, aber« sagen. Die, die im Eigentlich-Land wohnen.

Werden Sie Teil eines »Ich-Projekts«. Raus aus dem Jammer-Tunnelblick, hin zum open-minded people. Wenn Ihnen das gelingt, finden Sie Schönheit und Inspiration im Miteinander der Geistesblitze.

Übrigens: Der äußerst erfolgreiche und milliardenschwere Richard Branson behauptet stolz von sich, noch nie eine Regel von Steve Jobs befolgt zu haben. Im Gegenteil. Auch so ein Querdenker!

Zehn Stimmungsmacher für Ihr »Ich-Projekt«

- Glauben Sie daran, dass Sie es schaffen können. Erst wenn Sie glauben, dass Sie es schaffen, werden Sie die ersten Schritte unternehmen.
- Erinnern Sie sich an die Unternehmungen, in denen Sie sich lebendig und bedeutsam gefühlt haben. Während derer die Erfahrung wichtiger war als das Ergebnis.
- Nehmen Sie hin und wieder eine Auszeit. Und tun Sie hierbei einzig und allein Dinge, die Ihnen Freude machen und die Ihnen guttun. Biotope sind zum Überleben unverzichtbar.
- Führen Sie ein Tagebuch über konstruktive Erlebnisse und Aktivitäten. Das schärft den Blick und lehrt Dankbarkeit für die schönen Momente.
- Gönnen Sie sich Auszeiten von der virtuellen Welt. Tauchen Sie ein in reale Begegnungen und Erfahrungen.
- Erinnern Sie sich an Erlebnisse, die Ihnen ein Lächeln abgewinnen. Das Gehirn lernt besser, wenn es fröhlich ist.
- Genießen Sie den Kick, weil Sie sich etwas Schönes leisten. Erlebnisse sind nachhaltiger als Besitz.
- Ein Bad-Day-Aktionsplan sorgt für eine gute Stimmung. Das kann eine Telefonliste mit Freunden sein, die Sie immer anrufen und treffen dürfen. Oder eine ABC-Liste mit Ihren Stärken, Talenten und Fähigkeiten. Auf diese Weise erinnern Sie sich daran, womit Sie selbst schon mal wirksam waren.
- Sorgen Sie für Aktivitäten, die Ihnen Freude bereiten und die gleichzeitig sinngebend sind. Die daraus resultierenden guten Gefühle sind ein Puffer gegen schlechte Zeiten.

- Pflegen Sie Freundschaften. Machen Sie Fremde zu Freunden. Eine kleine Begegnung hier, ein kurzer Augenblick dort. Gemeinsame Erlebnisse und Abenteuer mit Freunden machen gute Laune und lassen ein Gemeinschaftsgefühl entstehen.
- Sorgen Sie für schöne Erinnerungen. Planen Sie neue Erfahrungen und nutzen Sie die Vorfreude als Gute-Laune-Macher. So ersetzen Sie Passivität durch Aktivität.
- Schreiben Sie drei bis fünf freundliche Gesten und Handlungen der Woche auf Ihre To-do-Liste. Die Freundlichkeits-Offensive wirkt sich auch auf Ihre Stimmung aus. Und die der Umgebung. Komplimente, ein Lächeln und Hilfestellungen sind kein großer Akt, haben aber eine positive Wirkung.

»Menschen mit einer neuen Idee
gelten so lange als Spinner,
bis sich die Sache durchgesetzt hat«
(Mark Twain)

Die neue, im Grunde jedoch uralte Idee vom Tauschen und Teilen geistert schon seit einiger Zeit in vielen Köpfen herum und hat inzwischen auch unsere Gesellschaft erreicht. Mit durchschlagendem Erfolg. Wissen zu teilen und andere am Erfolg teilhaben zu lassen gibt unserem Miteinander eine interessante Farbe. Ist das die Zukunft? Eigentum galt lange als identitätsstiftend. Das war gestern. Und ändert sich gerade. Besitz soll heute geteilt werden. Getauscht wird allerorten, um Ressourcen zu schonen. Die Tauschbörse hat was davon, der, der mit anderen etwas teilen möchte, profitiert davon und der, der dieses Angebot wahrnimmt. Und die Umwelt natürlich auch. Niemand muss mehr ein eigenes Auto besitzen, wenn man eins auf einem anderen unkomplizierten Weg bekommen kann. Hotelzimmer sind öde, Couchsurfen dagegen ist angesagt. Kleidung kann man öfter wechseln als gedacht, wenn man Sachen tauscht. Fahrräder, Spielzeuge aller Art und Möbel stehen ebenso zum Tausch zur Verfügung. Foodsharing gibt es noch nicht so lange, ist aber ebenso en vogue. Wissen, Talente und Arbeitskraft sind auch im Angebot. Ungenutztes Material, brachliegende Ressourcen, isolierte Projekte und Ideen finden neue Abnehmer oder ein neues Zuhause. Das ist die Demokratisierung des Eigentums. Alles für jeden. Tauschgeschäfte boomen.

Der Konsument sucht neue Wege des Genusses. Gemeinsinn erobert sich wieder seinen Raum. Teilen und Tauschen sind dabei die neuen Kommunikationstools zur Herstellung der individuellen Lebenszufriedenheit. Es geht hier gerade nicht um Geld oder um reines Besitzdenken. Teilhabe ist das Ziel. Teilhaber kann jeder sein, Grundbedingung ist allerdings, dass man selber etwas anzubieten hat. Ohne eigenes Angebot kein Tausch. Beim Sharing handelt es sich also nicht um eine Einbahnstraße. Wer nichts hat, kann auch nichts bekommen. Das schließt Besitzlose aus.

Das Internet – großartiges und zeitgemäßes Medium – dient als Umschlagplatz der unterschiedlichsten Tauschbörsen. Schnell und transparent vollziehen sich die Tauschgeschäfte und sind Zeugen eines veränderten Konsumverhaltens. Teilen statt Besitzen ist ein Weg, sich vom Reiz des

Habenwollens zu befreien und gleichzeitig in den Genuss des Konsums zu kommen. »Give away everything you know, and more will come back to you!«, sagt Paul Arden, Legende der britischen Werbeszene.

Nehmen Sie eine von Ihnen geführte Meditation für sich und/oder andere auf Band auf. Versuchen Sie dabei so positiv und hilfreich wie möglich zu klingen. Teilen Sie Ihre Erfahrung und Ihr Wissen mit anderen. Eine Minute sollte die Aufnahme mindestens dauern, höchstens zehn Minuten.
Jeder kann das, Sie müssen kein Experte für Meditation sein. Denken Sie an Dinge, die Ihnen gefallen, die Ihnen guttun, die Sie entspannen und durch die Sie sich besser fühlen.

Normalos stehen im Regen, andere duschen unter freiem Himmel

Die Überschrift zu diesem Kapitel ist eine Variante des positiven Denkens. Gleichzeitig stellt sie eine Form des Reframings dar. »Reframing« meint das Umwerten negativer in positive Bewertungen. Die Bedeutung, die wir einer Sache zumessen, kann unterschiedlich sein. Wir haben die Macht der Entscheidung darüber. Eine Änderung der Perspektive kann eine Situation in einem anderen Licht erscheinen lassen. Diese Deutungshoheit ist ein Ausdruck unserer inneren Freiheit.

Irgendwann wachte der Slalomfahrer Felix Neureuther auf und hatte einen Gedanken im Kopf: »Die Saison ist für mich gelaufen. Meine Karriere hat mir bisher bewiesen: Ich kann in jeder Saison nur insgesamt zweimal auf das Podest fahren. Die Fakten sprechen für sich. Das war so, das ist so und das wird immer so sein. In dieser Saison sind wir noch ganz am Anfang und ich stand schon zweimal auf dem Treppchen. Die Saison ist für mich gelaufen. Ich kann praktisch nach Hause fahren!« Da hat der »Mindfuck«, wie Coach Dr. Petra Bock dazu sagt, mit aller Wucht zugeschlagen. Wie in Stein gemeißelt steht die Aussage unverrückbar da, die Regel. Selbst erschaffen, aber unumstößlich. Ein Gesetz der Wenn-dann-Konstruktionen. »Nur wenn du dich damit abfindest, zweimal in der Saison zu gewinnen, dann bist du auf der sicheren Seite«, lässt sich der Gedankenflüsterer vernehmen. Es ist eben, wie es ist. Man kann nicht alles haben. »Entweder zweimal gewinnen oder gar nicht gewinnen. Das ist die Spielregel.« Mithilfe der provokativen Intervention hat Felix Neureuther den Gedankenflüsterer dann doch links liegen lassen können. »Ja, ganz genau. Du bist der perfekte Mann für die Zwei. Jetzt wird alles klar! Zweite Wahl, das ist dein Schicksal. Zweite Garnitur zu sein, das ist dein Lebenszweck. Zweitmann, Zweitwagen, Zweitwohnung, zweitklassig!« Pause. Meiner Frage »Habe ich dich jetzt verwirrt?« stimmte er zu. Im Anschluss daran haben wir ein Gedankenexperiment gewagt. »Und wenn es doch anders ginge?« Regeln, die man selbst aufgestellt hat, kann man auch wieder verändern. Dazu muss man sie nicht einmal brechen, es reicht, sie einfach durch eine andere zu ersetzen. Und schon hat der Gedankenflüsterer ausgedient. Oder wie Felix Neureuther sagen würde: »Neureuther, bleib locker!«

In unserer Gesellschaft herrscht ein Zwang zur Selbstoptimierung. Das positive Denken gibt dem Menschen dafür ein perfektes Werkzeug an die Hand. Wie bei jeder Mode neigen wir dabei schnell zur Übertreibung. Uns fehlt immer noch die Erfahrung für die richtige Balance. Riskieren wir doch spaßeshalber den Gedanken, dass wir uns in Zukunft alle dem positiven Denken zu 100 Prozent unterwerfen. Wagen wir einfach mal den zwanghaften Optimismus. Machen wir die Welt zu einem gedanklichen Rundum-Sorglos-Paket. Denken wir wie unverbesserliche Zwangsoptimisten. Träumen wir den Traum vom sogenannten perfekten Leben.

Beginnen wir mit der Geburt. Da wird jedem Menschen ein Chip in die Netzhaut implantiert, der alles aufzeichnet, was wir im Laufe des Lebens zu sehen bekommen. Vielleicht ein Hilfsmittel gegen die Demenz? Man sieht in der Datei alles, was der Mensch tut und lässt. Wegen all der Daten über unseren Körper kann eine intelligente Systemmedizin automatisch bei Bedarf angewandt werden. Nichtpharmakologische Schmerzbekämpfung ist ebenfalls Teil des Programms. Die Pflege der Seelengesundheit sowieso. Schwangerschaften werden durch die dem Chip eingegebenen Hormone bei Frauen auf Wunsch unterdrückt, er wirkt wie eine Art Antibaby-Pille. Bei Männern werden auf Wunsch und Knopfdruck die Spermien zeitweise unfruchtbar. Konsumrausch ist wie eine Art Fata Morgana auf der Netzhaut in 3D möglich. Realkauf per Gedankenübertragung. Lernen wird unnötig, weil wir Chips mit den notwendigen Informationen einführen und aktivieren können. Durch die Möglichkeit, gemeinsam wie über Bluetooth von Mensch zu Mensch über große Entfernungen miteinander zu kommunizieren, kann man nicht nur Momente via Social Media teilen, sondern gemeinsam zur gleichen Zeit Erfahrungen miteinander sammeln und Abenteuer bestehen.

Alle Menschen sind wie iPhones mit einer Suchfunktion ausgestattet, sodass Entführungsopfer der Vergangenheit angehören. Transparenz ist durch permanente Sichtbarkeit kein leeres Wort mehr, sondern jeder ist und wird pausenlos automatisch durchleuchtet. Korruption und Klüngelei werden dadurch Fremdworte. Jeder weiß von jedem alles und das finden auch alle gut so. Die Welt wird überschaubarer und kalkulierbarer. Global kommt einem vor wie lokal. Man kennt sich, man hilft sich, wie der Kölner sagt. Kontrolle anhand von implantierten Kameras allerorten und zu jeder Zeit stiftet Sicherheit und vermeidet Konflikte und Krieg. Positives Denken wirkt hier wie eine Art Frühwarnsystem mit gleichzeitigem Lösungsansatz. Jegliche negative Kommunikation und Interaktion wird im Entstehen wahrgenommen und direkt aufgelöst. Die tägliche Dosis Neutralisation sichert Frieden durch die Entschärfung von Konfliktpotentialen. Konfliktparteien sind Auslaufmodelle. Krisenherde kaltgestellt. Reibungen werden durch positive Formulierungen vermieden. Reframing wird zur Weltsprache. Das Esperanto der Zukunft. Kritik wird nie geradeaus formuliert, sondern in Betroffenheit, Wünsche und Ideen gekleidet. Der Befehlston stirbt aus, an seine Stelle treten Empfehlungen. Alle Menschen leben besser und länger und sorgenfreier. Gesünder und alterslos. Sterben stirbt aus. Denn der bei der Geburt implantierte Chip wird am Lebensabend zu einer Dokumentation zusammengeschnitten und auf einer Datenbank abgelegt. Unsterblich.

Aufgesetzte Mitmenschlichkeit ist das Aushängeschild dieser Fiktion. Durch sie wird Austauschbarkeit, Isolation und Einsamkeit weggelächelt. Kontakt wird simuliert durch stereotype Handlungen und leere Floskeln. Positive Bewertungen im persönlichen Feedback und auf Kunden-Portalen sind die neue heiß begehrte Währung, die zählt. Einzig positive Resonanz ist jedermanns Ziel. Keiner entwickelt mehr seine individuelle Persönlichkeit, weil das störanfällig und disharmonisch sein kann. Der Preis dieser übersteigerten Vision des positiven Denkens ist irgendwann der Verlust von echten Begegnungen, wahrhaftiger Kommunikation und lebendigen Zufällen. Eine Konsequenz ist Langweile. Routinen allerorten. Beängstigend gleichgeschaltet klingen die Auswirkungen dieses Gedankenmodells. Verlassen wir es.

Ich spreche heute doch lieber vom konstruktiven Denken. Da kann das Missverständnis des zwanghaften Optimismus nicht aufkommen. Rosarote Brillen sind ebenfalls nicht gefragt. Es geht vielmehr um die konkrete Wahrnehmung einer Situation. Das Entwickeln des Bewusstseins von Stärken. Und der Fähigkeit, diese auch abzurufen und einzusetzen bei Bedarf. Dann steht einer konstruktiven Lösungsfindung nicht mehr viel im Wege. Robin Williams hat mal gesagt: »Comedy is acting out optimism!« Wenn man den Begriff »comedy« durch »Konstruktives Denken« ersetzt, kann ich mit der Formulierung sehr gut leben. Und: Optimismus ist ein wunderbares Hilfsmittel in schwierigen Zeiten.

»You only live once. But if you do it right, once is enough!«

Wie sich das Leben als »Ich-Projekt« vereinfachen lässt

- Geben Sie sich die Antworten auf die Fragen Ihres Lebens selbst, andere können diese Aufgabe nicht übernehmen.
- Fühlen Sie sich nicht schuldig, weil Sie Ihr Leben auf Ihre Weise leben, während andere das nicht tun.
- Lassen Sie sich nicht durch negative Gedanken und Meinungen anderer von Ihrem Weg abbringen.
- Halten Sie sich fern von Drama, Klatsch und verbalen Attacken.
- Bewerten Sie andere Leute nicht nur nach ihrem Verhalten, versuchen Sie die Absicht dahinter zu verstehen.

- Verschwenden Sie keinen Gedanken daran, was andere Ihnen wegnehmen könnten. Lassen Sie los ...
- Meiden Sie Vergleiche mit anderen, das macht unfrei.
- Leben ist Geben und Nehmen. Vergessen Sie Ersteres nicht.
- Verrennen Sie sich nicht in den Wunsch nach Aufmerksamkeit. Machen Sie Ihr Ding und machen Sie damit den Unterschied.
- Machen Sie das, was richtig ist, und nicht das, was einfach ist.
- Fokussieren Sie sich auf die Gegenwart und beenden sie das Was-wäre-wenn-Denken.
- Vergeben Sie sich selbst, wenn Sie Fehler machen. Leben heißt Probleme bewältigen.
- Verabschieden Sie sich von der »Alles-oder-Nichts«-Mentalität. Extreme sind nicht hilfreich. Das Leben ist nicht perfekt.

- Erwarten Sie nicht, dass Sie eine Lizenz zum Glücklichsein haben – Glück ist manchmal schon die Abwesenheit von Unglück.
- Erwarten Sie nicht immer das Schlimmste – was Sie sich vorstellen können, schafft Realitäten. Das ist eine Selffulfilling Phrophecy.
- Einzelkämpfertum ist in Ordnung, aber nicht sinnvoll in Bezug auf den Umgang mit Zeit, Ressourcen und dem Feiern von Erfolgen sowie dem Verdauen von Misserfolgen.
- Schauen Sie der Realität ins Gesicht. Vermeiden Sie halluzinogene Tagträume.
- Treffen Sie auch schlechte Entscheidungen, Hauptsache es fällt eine Entscheidung. »Ich-Projekte« werden einfacher, wenn wir überhaupt etwas tun, hoffentlich das Richtige. Dann fällt vieles leichter.

»Die Normalität ist eine gepflasterte Straße;
man kann gut darauf gehen –
doch es wachsen keine Blumen auf ihr«
(Vincent van Gogh)

Das »Ich-Projekt« ist tot, es lebe die Langeweile. Es gibt heute eine neue Mode, die man als Gegenbewegung zum Hipster betrachten kann. Der Hipster gilt als Vorzeigeexemplar der Individualität. Er war extrem darauf bedacht, jedem Mainstream zu entkommen, um seine Individualität zu unterstreichen. Der Gegenentwurf nennt sich »Normcore«. Eine Kombination aus den Begriffen »normal« und »Hardcore«. »Normcore« ist das spießige Kind von Hardcore. Anders formuliert, geht es hier um eine drastische Darstellung von Gewöhnlichkeit. Die Ästhetik des Durchschnittsbürgers fungiert dabei als Geschmackskompass. Wenn der Hipster der Versuch eines Nonkonformismus war, ist der Normcore Ausdruck einer 08 / 15-Anhängerschaft par excellence.

Bei dieser Lebenshaltung geht es nicht mehr um Unterscheidung, um den Versuch der Differenz durch Innovation, sondern einzig und allein um das konsequente Aufgehen in der Masse. Konformismus gilt als die neue Religion. Die Idee dahinter ist die Befreiung von jeglichem Kreativitäts- und Originalitätszwang. Freiheit durch größtmögliche Anpassung. Tarnkappenideologie könnte man fast dazu sagen. Nein zur Extravaganz, zu Hypes und Trends und dem beschleunigten Individualitätsdogma. Als Strategie gegen den Coolness-Stress, der durch den Wunsch nach Anderssein ausgelöst wurde. Hin zur Gleichheit durch Biederkeit.

Normcore kam, um Exzentriker und Experimentierfreude als Auslaufmodell zu enttarnen und durch Langeweile hinzurichten. Natürlich ahnt der Normcore, dass es »das Normale« an sich nicht wirklich gibt, aber er thematisiert das nicht. Er redet im Small Talk tatsächlich über das Wetter und den Urlaub und meint es auch wirklich ernst. Wogegen der Hipster eher versucht, durch Extravaganz zu punkten. Der Druck der Originalität beherrscht dabei das hippe Denken. Jeder Hipster ist unentwegt damit beschäftigt, etwas Neues und Besonderes zu präsentieren, zu produzieren oder entdecken zu müssen. Der Normcore lebt dagegen in einer unbeschwerten Welt des allgemein akzeptierten und klar definierten Mittelmaßes. Einheitsbrei und Langeweile als Homebase. Der Normcore macht sich dieses Denken vollkommen zu eigen. Er verzweifelt nicht an der 08/15-Welt. Im Gegenteil. Er passt sich ihr hemmungslos und umstandslos an. Er kopiert die Verhaltensweisen und die Mode der Masse. Er tritt wie sein eigener Vater im Freizeitoutfit auf. Trägt Jeans, Parka, Fleece-Pullover, T-Shirt, Baseball-Cap, weiße Strümpfe und Birkenstock-Sandalen oder Turnschuhe. Die Masse macht ihn auf diese Weise fast unsichtbar.

Ein Normcore sieht aber nicht nur aus wie ein Durchschnittsmensch, er hat sich auch dessen innere Haltung zu eigen gemacht. Und erschafft sich damit einen entspannten Freiraum, ohne den unangenehmen Zwang zur Kreativität. Freiheit entsteht für ihn durch den Verzicht auf Individualität. Ein interessanter Gedanke. Revolutionär. Frischluft für Sesselfurzer sozusagen. Normcores haben verstanden, dass sie in Wahrheit nur einer von circa sieben Milliarden Erdenbewohnern sind. Und einer ist eben wie der andere. Punkt. Eine provozierende Idee.

Fiona Duncan hat diesen Trend im *New Yorker* als Erste aufgespürt: »Progressive Kunststudenten sehen heute aus wie gewöhnliche Touristen.« Normalos sind »in«. Der Trick und der Ehrgeiz bestehen darin, die größtmögliche Anpassung an den Code der Masse zu erzielen, sodass nur wirkliche Insider dechiffrieren können, wer tatsächlich Original ist und wer nur eine gut gemachte Kopie. Dieser Trend ist im Grunde genommen eine Art Mode durch Anti-Mode. Das Zitat als Lebensentwurf. Steve Jobs war demnach schon ein Trendsetter. Er schuf sich eine Uniform des Konformismus. Schwarzer Rollkragen, Jeans, Turnschuhe. Ein Mainstream-Look. Jeden Tag aufs Neue. Sein Markenzeichen. Er soll Hunderte von schwarzen Rollkragenpullovern gehabt haben, immer dasselbe Modell. Zeitlos, schnörkellos und funktional. Issey Miyake erfand den Rollkragen-Look für Jobs. Eine Stilikone in Uniform. Rio Reiser hat es mal so gesagt: »Ich bin anders, weil ich wie alle bin und weil alle anders sind!« Leider ist Normcore vor allem eines: schrecklich langweilig.

Fotografieren Sie ein Outfit, in dem Sie sich bedeutsam gefühlt haben

Erinnern Sie sich an Kleidungsstücke, die Sie in einer besonderen Situation oder bei einer bemerkenswerten Gelegenheit getragen und in denen Sie sich relevant gefühlt haben. Legen Sie die Sachen auf eine ebene Fläche. Rasen, Fußboden oder Bett. Arrangieren Sie sie so, als würde jemand die Kleidung tragen. Denken Sie an Dinge wie Tasche oder Schuhe, Schmuck oder Hut. Fotografieren Sie die Sachen direkt von oben. Schreiben Sie auf, wann, wo und warum Sie die Kleidung getragen haben. Und was sich damals so wichtig anfühlte und was an der Situation einmalig war. Manchmal ist der Moment viel eindrucksvoller als die Kleidung, die man trug. Es geht also nicht darum, spektakulär ausgesehen zu haben, sondern um den besonderen Augenblick. Die Kleidung ist der Anker. Vielleicht wirkt das Arrangement auch wie eine Vision in die Zukunft. Was werden Sie tragen, wenn Sie sich demnächst relevant fühlen werden?

Am Anfang war das Motivationsproblem. Von Aufschiebern und Brütern

Das Phänomen der sogenannten Aufschieberitis ist allgemein bekannt. Fast jeder Mensch hat damit zu tun. Manche von ihnen behaupten, sie litten nicht unter Aufschieberitis, sondern seien nur extrem begabt und produktiv darin, irrelevante Dinge zu tun. Diese Menschen empfinden sich nicht als faul, sondern sie sind in der Tat sehr beschäftigt damit, viele unterschiedliche Dinge zu tun, nur damit sie nicht das tun müssen, was wirklich anliegt. Zum Beispiel Wäsche waschen, im Kleiderschrank oder Regal Ordnung schaffen, den Arbeitsplatz herrichten usw. Eine neue Spezies sind die Aufschieber, die ihr Aufschieben auf allen sozialen Plattformen veröffentlichen: »Hier ein Bild von mir beim Nichtstun!«

Manchmal scheint ein Weg aus dem Dilemma zu sein, eine Liste mit Dingen zu erstellen, die man besser heute nicht mehr erledigt. Die Not-to-do-today-Liste. »Ich mache es morgen, ich verspreche es!« ist dann keine Option mehr. Denn morgen ist ein mysteriöses Land, wo 99 Prozent menschliche Produktivität, Motivation und Engagement nutzlos aufbewahrt werden. »Someday is not a day of the week!« Fragen Sie sich einfach mal, ob Sie sich nicht in einem Jahr wünschen werden, Sie hätten heute begonnen.

Aufschieberitis (das Fremdwort hierfür lautet »Prokrastination«) ist die Folge von sehr geringer Motivation für Tätigkeiten, die uns langweilig, sinnlos und freudlos erscheinen. Könnte die Aufschieberitis auch Ausdruck einer versteckten, fast heimlichen, Stärke sein? »The ultimate inspiration is the deadline!«, sagt Nolan Bushnell. Was genau meint er damit?

Es gibt Menschen, die brauchen den Stress der »tickenden Zeitbombe«, um auf hohem Niveau produktiv zu sein. Auch diese Vertreter verbringen viel Zeit damit, um den heißen Brei herumzutanzen. Sie gehen spazieren, laden Filme und Musik herunter, spielen mit der Familie. Chatten und skypen mit Freunden. Man könnte auch sagen, es handelt sich bei ihnen um lupenreine Aufschieber. Sie vermeiden, wie die anderen, die Erreichung bestimmter Ziele und die Erledigung bestimmter Aufgaben. Aber es gibt einen gravierenden Unterschied: Sie brauchen den Druck, um hohe Qualität zu liefern. Die Aufschieber erreichen ihre Ziele auf einem eher anspruchslosen Niveau. Bestehen oder

auch Überstehen ist genug. Zielerreichung, um gerade so zu überleben, lautet das Prinzip. Die Qualität ist für sie zweitrangig. Sie brauchen auch keinen Stress, um erfolgreich zu sein. Sie trudeln halbfertig ins Ziel, unterer Durchschnitt, das reicht.

Die, von denen ich spreche, haben einen klaren Blick für Deadlines und erfüllen ihre Aufgaben komplett und in sehr guter Qualität in letzter Minute und auf den Punkt genau im Zeitplan. Zeitdruck führt bei ihnen zu Kreativität und lässt sie erst großartige Ideen generieren. Stress ist für sie Motivation pur. Nur auf den letzten Drücker werden ihre Stärken abgerufen und richtig wirksam. Diese Stressliebhaber sollten irgendwann verstehen, dass sie in Wirklichkeit keine Aufschieber sind, sondern Brüter. Die Erkenntnis wirkt oft wie ein Befreiungsschlag. Denn das Jammern und Nörgeln und Hadern mit der Art und Weise der Zielerreichung hat ein Ende. Kein schlechtes Gewissen mehr. Stattdessen entwickeln sie ein neues Selbstwertgefühl. Sie betrachten sich nicht länger als faul und wertlos, sondern verstehen die Kraft und Qualität ihrer Vorgehensweise. Die ist ihre Motivation schlechthin. Sie sind in Stresssituationen extrem belastbar. Und in Last-minute-Entscheidungen tough, kompetent und zuverlässig. Die Selbsterkenntnis, kein Aufschieber, sondern ein Brüter zu sein, macht sie stark und sensibel für die eigenen Bedürfnisse. Die Verwechslungsgefahr ist dennoch auf den ersten Blick groß, denn die Brüter wirken eigentlich wie Aufschieber. Erst der zweite Blick macht den Unterschied deutlich.

Brüter kreisen oft lange um ein Thema herum. Auf andere wirkt es, als würden sie Prozesse und Projekte nur aussitzen. Das ist ein großes Missverständnis. Aber diese Wahrnehmung kann zu großer Ungeduld bei Kollegen und dem weiteren sozialen Umfeld führen. Geduld ist da gefragt. Flexibles Erwartungsmanagement ebenfalls. Es geht hier nie um Zeitverschwendung und Verweigerung. Hier gilt die Regel: Ein Projekt wird erst dann umgesetzt, wenn die Zeit dafür wirklich reif ist. Vorher werden Filme geschaut, soziale Netzwerke abgefragt und im Internet gesurft. Kopf und Bauch bereiten sich auf den Moment der Entscheidung vor. Dann ist »Action« angesagt.

Wenn Sie also Ihre Arbeit immer termingerecht erledigen, deren Qualität außerordentlich hoch ist, Abgabetermine Sie eher motivieren als ängstigen, Sie sich dann hochkonzentriert und engagiert im Flow befinden und Sie sich selber über Ihre Energieleistung im letzten Moment wundern und Sie außerdem den Eindruck haben, Sie arbeiten so am besten, dann sind Sie kein Aufschieber, sondern ein Brüter. Glückwunsch. Sie sind anders als die anderen.

Wie Sie mehr Power in Ihr Leben bringen

- Entwickeln Sie mehr Bewusstsein für Ihre eigenen Werte, Stärken und Prioritäten!
- Investieren Sie in Ihre soziale und emotionale Kompetenz, indem Sie Beziehungen pflegen!
- Trainieren Sie Ihre Konzentrationsfähigkeit und Achtsamkeit!
- Steigern Sie Ihre Lebensfreude durch aktive Lebensgestaltung!
- Bringen Sie Ihren Mitmenschen Wertschätzung entgegen. Kleine Gesten wirken Wunder.
- Schreiben Sie ausnahmsweise einfach mal nur das Allerbeste über sich auf: Ihre Stärken, Talente, Fähigkeiten, Ihr persönliches Know-how ... und nehmen Sie drei dieser Dinge abends mit ins Bett und überdenken Sie sie mit Freude und Dankbarkeit.

Zur Nachahmung empfohlen: Guerilla Gardening

»Krieg dem Müll, mit Rosen und Rechen!« schreibt Richard Reynolds auf seiner Website (www.guerrillagardening.org). Damit spricht er sich gegen eine Verwahrlosung der öffentlichen Räume aus. Er führt mit vielen anderen einen Kampf gegen die Verödung der Innenstädte. Immer mehr Menschen ergreifen die Initiative, um Orte der Identität und Solidarität zu schaffen. Treffpunkte für Jung und Alt, Groß und Klein. Heute nennen das auch viele Urban Gardening. Die Prinzessinnengärten in Berlin/Kreuzberg sind so ein Ort. Oder auch der CARLsGARTEN des Schauspiels Köln. Hier werden Orte rekultiviert. Brachflächen erfahren eine Aufwertung durch temporäre Bepflanzungstechniken. Die Aufenthaltsqualität wächst mit jedem neuen Gewächs in diesen kreativen Oasen. Die Verweildauer steigert sich mit jedem Besuch durch gemeinsame Ernten und deren Verwendung für Schnippel-Partys zum Eintopfkochen. Kurse und Führungen für alle Altersklassen geben Einblick in die Botanik. Zudem gibt es Informationen für Menschen, die mehr Natur in ihrer Nähe haben wollen. Die Land kultivieren möchten, das ihnen nicht gehört. Sondern der Allgemeinheit. Hier erfährt der Besucher Inspiration für die urbane Gestaltung der eigenen Umgebung. Jeder, der den Wunsch hat, den Kampf gegen Müll, Werbung und Flächenversiegelung selbst in die Hand zu nehmen, ist eingeladen, sich mit Tipps und Courage zu versorgen. Die Sehnsucht nach Selbstversorgung mit Gemüse, Obst und Blumen wächst.

Die Leidenschaft für Gartenarbeit findet immer mehr Anhänger. Was früher die streng reglementierten Schrebergärten waren, hat sich heute als eine ganz eigene Bewegung etabliert, die weltweit toten Raum subversiv zurückerobert. Gegen die tägliche Beleidigung des Auges. Das ist nur ein Beispiel für die zahlreichen Entwicklungen heute, die zeigen, dass sich der Mensch nicht länger mit den vermeintlich »alternativlosen« Gegebenheiten abfinden will, sondern neue Wege geht, um seinen Bedürfnissen gerecht zu werden. Frei nach dem Motto: »Wenn du ein Problem nicht lösen kannst, kann es daran liegen, dass du dich an die Regeln hältst!«

Warum ich von diesem Phänomen berichte? Die Anhänger des Guerilla Gardening hatten einen Wunsch. Sie sehnten sich nach einer neuen Umgebung und mehr Grün. Autonome Selbstversorgung gekoppelt mit dem Wunsch nach Kontrolle über ihre Nahrungsmittel. Doch das Wünschen hatte nicht wirklich geholfen. Der Traum allein schuf noch keine Gärten. Wenn die Träumer nur auf Nummer sicher gegangen wären und sich im Denken so eingeschränkt hätten, wie viele von uns es gerne tun, gäbe es heute kein Urban Gardening. Erst als sich einige Menschen auf den Weg gemacht haben, Regeln neu zu denken, sie vielleicht sogar zu brechen, klappte es mit dem Traum. Aus Wünschen wurde Wollen. Der Wille war so groß, dass Überlegungen und Entscheidungen getroffen werden konnten, die notwendig waren. Gegen die Bedenken und Erwartungen anderer. Wenn man alles richtig machen will, besteht die Gefahr, im Gewohnheitsdenken zu verharren. In einschränkenden Gedanken, die Veränderung behindern oder sogar unmöglich machen. Hier aber waren Unberechenbarkeit, Fantasie und Innovation gefragt. Mut zum Risiko ist die Voraussetzung für neue wegweisende Entscheidungen. Nur wer mutig ist, beginnt in einer anderen Logik und Konsequenz zu denken, um frische Lösungen für eigene Wünsche zu finden.

Die schwierige Entscheidung, öffentlichen Raum einfach zu besetzen, um ihn für sich zurückzuerobern, mutet gefährlich an. Ein solcher Entschluss klingt nicht nach einer guten Entscheidung. Aber nur so konnte aus einem Traum Wirklichkeit werden. Nur so ließ sich schaffen, was man wollte. »Denn unter dem Pflaster liegt der Garten …« Erst als man sich entschieden hatte, sich den Raum einfach zu nehmen, um ihn nach eigenen Ideen zu gestalten, konnten mobile Pflanzmodule entwickelt und all die neuen Ideen, Chancen und Möglichkeiten der Zwischennutzung perfektioniert werden. Oasen auf Zeit stellen keine wirkliche Bedrohung dar. Deren Duldung war leichter. Das Pflanzen-Nomadentum schaffte gedankliche und praktische Freiräume für eine Neudefinition des Gartens. All das entstand aus einer »falschen« Entscheidung, die auf einem konstruktiven Prinzip basiert. Nur auf diese Weise war auch eines Tages das Projekt High Line, der Umbau der Hochbahntrasse in New York, denk- und machbar. Ein grüner Stadtraum als ökologisches Naherholungsabenteuer sowie weltweites Vorbild und mittlerweile eine *der* Touristenattraktionen. Beliebter als das Empire State Building!

Eröffnen Sie einen illegalen Garten an einem ungewöhnlichen Ort

Suchen Sie sich einen öffentlichen Platz und pflanzen oder säen Sie dort eine Reihe von Blumen, die Sie auch eine Zeit lang gießen können. Mögliche Orte gibt es viele in der Stadt. Oder werden Sie offizieller Baum- oder Grünflächenpate in Ihrer Stadt.
Verbotenes zu wagen, kann einen lebendig fühlen lassen. Erinnern Sie sich an die Früchte in Nachbars Garten?

Analog ist das neue »Must-have«

Das schönste Kompliment, das Ihnen Ihr Gegenüber heutzutage machen kann, ist, das Handy bei einem Treffen mit Ihnen in der Tasche zu lassen. Wir verschwenden uns und unsere Daten im weltweiten Netz. Sorgenfrei machen wir uns durchschaubar und gläsern. Transparenz galt als der letzte Schrei. Doch plötzlich ist alles anders. Menschen ziehen sich aus der digitalen Welt zurück.

Es begann damit, dass sich Menschen bei Google haben löschen lassen. Selbstmord im Netz. Das Recht auf Unsichtbarkeit wurde hart vor Gericht erkämpft. Nun heißt es auch ganz praktisch wie in einem kölschen Lied: »Echte Fründe ston zesamme!« Echte Freunde, keine Internet-Freundschaften. Echte Umarmungen, keine SMS-Küsse mehr, echte Liebe, keine Dating-Portale mehr. Es erinnert an Asterix und Obelix: Die analoge Wirklichkeit gleicht einem Hort des Widerstands Gallien. Der Beginn eines analogen Gegenentwurfs. Digitale Aussteiger sind der neue Trend. Sie wiederbeleben das Analoge: Echte Feiern, echte Freizeitaktivitäten und echte Kontaktpflege. All das ist plötzlich wieder angesagt. Eine neue Parallel-Gesellschaft ist entstanden. Facebook wird zwar nicht direkt abgeschafft, aber auf reale Freunde hin radikal untersucht und schonungslos ausgemistet. Die Veganer unter den digitalen Vegetariern sind die, die digitalen Selbstmord begehen. Sie verlassen grußlos das soziale Netzwerk. Sie sind genervt und fühlen sich verletzt von der aggressiven Art des Internet-Mobbings. Sie haben keine Lust mehr auf die digitale Neidplattform, die Hass, Misstrauen und Frust sät.

Ohne Rücksicht auf Verluste wird einem dort immerwährend die Meinung um die Ohren gehauen. Es wird geflucht, beleidigt und verletzt im Schutzraum der Anonymität. Die gute Kinderstube und eine gesunde Feedbackkultur haben Ausgang auf Internetplattformen. Das hat irgendwann keinen positiven Einfluss mehr auf das persönliche Wohlbefinden. Wem kann man noch vertrauen? Wer lügt? Wer nicht? Eine Holländerin hatte fünf Wochen lang auf Facebook ihre gesamte Asienreise perfekt gefakt. In Wahrheit hatte sie fünf Wochen an ihrem Wohnort verbracht und eine perfekte Inszenierung vollbracht. Das Misstrauen, Opfer solcher Lügengebilde zu werden, macht Sorgen und schafft Frustration. Manche verabschieden sich dann lieber ganz, weil sie finden, dass das Internet die Seele vergiftet. Und erleben lieber in Real-Zeit mit realen Menschen reale Abenteuer und Erfahrungen.

Welches Bild haben die Menschen von Ihnen?

Bitten Sie drei Menschen aus Ihrem Umfeld aufzuschreiben, was sie glauben, was Sie mit Ihrer Zeit anfangen. Wie Sie Ihr Leben leben, was Sie beruflich machen, worin Ihre Hauptaktivitäten und Ihre Hobbys bestehen. Vergleichen Sie die unterschiedlichen Schilderungen und Einschätzungen miteinander. Versuchen Sie, im Vorfeld neutral zu bleiben.
Fremd- und Selbstbild in Übereinstimmung zu bringen ist ein Schlüssel zum Glück. Vielleicht besteht bei Ihnen Handlungs- oder Kommunikationsbedarf?

Finde Freunde, ignoriere Feinde.

Ein Nobody
wird zum YouTube-Wunder:
Apollos Hester, Highschool-Footballer

Über sieben Millionen Klicks für ein Sport-Analyse-Gespräch vor der Kamera, das ist eine Ansage (zu finden auf: www.youtube.com/watch?v=X7ymriMhojo). Eine Reporterin fragt am Rande des Spielfelds nach dem Grund für die Wende im Spiel. Und Apollos Hester strahlt bis über beide Ohren und redet sich in Begeisterung:

»Also, wir haben echt nachlässig begonnen. Aber das ist okay, denn manchmal startet man im Leben langsam. Aber wir haben uns gesagt: Das macht nichts. Denn wir wussten, dass wir am Ende noch was biegen können … In der ersten Halbzeit hatten sie uns im Griff, da mache ich keinen Hehl draus. Aber wir haben Eier bewiesen. Wir hatten Haltung. Das ist alles! Attitude! Einstellung. Das ist, was Erfolg wirklich ausmacht. Unser Trainer hat gesagt, es wird hart. Es wird unangenehm. Aber wir können es schaffen. Jeder Einzelne für sich selber und jeder Einzelne für die anderen. ›Macht es für euch!‹ Wir glaubten das. Und wir haben es wirklich getan. Es ist ein tolles Gefühl, wenn du wirklich an dich glaubst. Du siehst die Situation, du siehst den Spielstand. Und gleichzeitig weißt du, du wirst erfolgreich sein. Weil du deine ganze Energie, deine Anstrengung, dein Herz und dein Können in dem Moment konzentrierst. Du kommst in einen anderen Bewusstseinszustand. Klar, du kannst immer noch verlieren, aber das geht okay. Egal, ob du dann gewinnst oder verlierst, es ist okay, weil du weißt, du hast das Beste abgeliefert. Man geht so oder so mit einem Lächeln vom Platz. Mit hoch erhobenem Haupt … Auch wenn es im Leben mal nicht so läuft, gib deine Träume nicht auf. Auch wenn du hinfällst, steh wieder auf. Und lächle. Die Einstellung macht's. Mit dieser Haltung werden alle da sein, alle werden dir helfen. Freunde und Familie. Alles ist okay, wenn du wirklich alles gegeben hast.«

Apollos Hester ist ein Motivationskünstler. Viraler Ruhm durch ein paar enthusiastische Statements. Für mich ist das Interview eines der schönsten Sport-Interviews im gesamten World Wide Web. Apollos Hester ist als unbekannter Footballer eine Art fleischgewordener amerikanischer Traum. Er ist der Jerry Maguire der neuen Generation. Von ihm können sich viele gelangweilte, desinteressierte und unmotivierte Sportler mit ihren Floskeln und Phrasen gerne eine Scheibe abschneiden. Journalisten natürlich ebenso.

Nur wer einen langen Atem hat, wird mit Erfolg gekrönt

Ich bin nicht dumm,
die anderen verstehen nur
meine Logik nicht

Dick Fosbury erfand den Hochsprung neu, indem er sich traute, die herrschende Technik auf den Kopf zu stellen. Dazu bedurfte es einer neuen Art zu denken. Das Gegenteil von dem zu machen, was landläufig Usus war. Er hatte sich die Erlaubnis gegeben, ein Gesetz zu brechen und gedankliche Grenzen zu verschieben. Dick Fosbury sprang nicht, wie gewohnt, mit Kopf und Bauch voran über die Hochsprunglatte, sondern rückwärts. Das war ein Tabubruch. Eine Regelverletzung. Ein Erfolg. Mit einem Flop.

Gegen die Laufrichtung spielend verhalten sich viele Menschen, die etwas Neues wagen. Sie praktizieren das Gegenteil von dem, was angesagt ist. Vorreiter müssen also in der Lage sein, neue Wege zu gehen und bislang unbekannte

Zusammenhänge zu erkennen. Diese Menschen produzieren mit Kopf und Bauch etwas gegen die allgemein herrschende Gedankenwelt. In der akuten Situation fühlt sich das für einen selbst sicherlich fremd und unangenehm an. Es scheint oft nicht richtig. Es wirkt in dem Moment weder modern noch zeitgemäß, sondern wie »out of the box«. Zur falschen Zeit, am falschen Ort. Ein Fisch auf dem Fahrrad. Ein Eisbär in der Wüste. Ein Veganer im Steakhouse.

Ein neuer Plan kann manchmal zu einem Tyrannen werden, denn es kann sich um eine Gedankenfalle handeln. Oder um einen Irrtum. Aber es braucht mutige Menschen, die wissen, dass das konforme Gedanken-Allgemeingut oft keinen unantastbaren Wert an sich darstellt. Nur weil alle es kennen und darüber sprechen, ist Gewohntes noch lange nicht gut oder unverbesserlich. »It-Girl« und »Must-have« und »Place-to-be« sind gängige Formulierungen des Mainstream. Sie schaffen dumpfe Begehrlichkeiten und stiften eine Scheinidentität durch das Gefühl von Zugehörigkeit. Die Wiederholung des immer Gleichen bedeutet aber irgendwann Stillstand. Zeitgeistsurfer sind nicht wirklich originell. Wenn in Zukunft fast jeder tätowiert sein wird, ist der Boom spätestens vorbei und die nicht Tätowierten sind der neue Wow-Effekt.

Es braucht die mutigen Vordenker und Grenzgänger, die um die Notwendigkeit und den großen Wert von Originalität wissen. Das meint aber nicht die Originalität um der Originalität willen. Es geht dabei nicht um die selbstverliebte Darstellung Einzelner. Sondern es geht mir um die oft uneitlen »Ich-Projekt«-Entwickler, die gar nicht anders können, als ihre Vision zu entwickeln. Und diese in die Tat umzusetzen. Auch wenn das »Ich-Projekt« anfangs als dumm und sinnlos abgewertet worden ist. Sie halten daran fest. Vielleicht, weil sie nicht anders können und wollen. Weil sie müssen. Weil sie ahnen, ein »Ich-Projekt« wird erst dann zu einem wirklich guten »Ich-Projekt«, wenn es in die Realität umgesetzt worden ist.

Kennen Sie die TV-Sendung mit dem Titel »Die Höhle des Löwen«? Hier stellen sich »Ich-Projekt«-Entwickler einer Gruppe von gestandenen Unternehmensgründern. Ziel ist es, die kritische Jury vom eigenen »Ich-Projekt« zu überzeugen. Mit dem Ziel, eine Finanzspritze durch eine Investition der erfolgreichen Geschäftsleute zu erlangen. Das »Ich-Projekt« wird hier in der Präsentation auf Rentabilität geprüft. Der Pitch und die Unternehmensgründer werden beinhart ins Gebet genommen. Nach dem schonungslosen Reality-Check geht es um ein Urteil. Hat das »Ich-Projekt« Potential? Ist es die Lösung für ein Problem? Gibt es eine Nachfrage? Kann man Bedarf wecken? Ist es von Nutzen für die Welt? Nicht viele überstehen die Vorstellungsrunde. Wenige wissen rundum zu begeistern. Doch die Kraft des »Ich-Projekts« und die begeisternde Art der Erfinder macht im besten Fall Spaß und Lust auf eine gemeinsame Sache. Hier kann man spüren, wie man seinen Innovationen eine Zukunft geben kann. Ein Zuhause. Ein gutes »Ich-Projekt« setzt sich durch. Wenn seine Zeit gekommen ist. Und wenn individuelle Fähigkeiten mit den Bedürfnissen der Welt eine Schnittmenge ergeben. Gutes Timing ist alles.

Aber was ist dann ein schlechtes »Ich-Projekt»? Platon spricht in seinen Dialogen von einer Idee (griechisch »eidos«) als geistige Vorstellung. Wie entstehen »Ich-Projekte»? Manche Menschen erschaffen Bilder im Kopf. Sie sehen etwas vor ihrem geistigen Auge. Die anderen verstehen sich eher als Entwickler von Ideenpools. Sie sprechen von einem Akt der Inspiration durch überraschende Kombinationen von Gewohntem. Wieder andere betrachten sich als aufmerksame Entdecker im Land der scheinbar begrenzten Möglichkeiten.

Ein »Ich-Projekt« zu Ende zu denken kann manchmal ein Abenteuer sein. Wie ein waghalsiger Sprung vom Rand einer Klippe. Oder wie ein Balanceakt auf einer Slackline über dem Abgrund. Ein Adrenalinkick pur. Eine Mutprobe.

Wenn dann irgendwann alles wie selbstverständlich zusammenpasst, wissen die Vordenker intuitiv, dass die Lösung funktioniert und von hohem Wert ist. Dass das »Ich-Projekt« hält, was es versprochen hat. Dass es frisch und ambitioniert ist. Diese neue Erkenntnis versetzt dann ihren Körper und ihr Gehirn in Hochspannung. Der Moment der Erleuchtung ist wie ein Moment des Rausches. Das kann ein Aha-Effekt sein. Ein Heureka-Moment. Ein Geistesblitz. Vertrauen wir erst einmal unseren Impulsen und unseren Instinkten, fühlen wir uns wie im Epizentrum der Kreativität. Nur sollten wir über die Woge der Begeisterung die Kontrolle über das »Ich-Projekt« nicht verlieren. Eine Analyse des »Ich-Projekts« sollte natürlich die schonungslose Auflistung aller Vor- und Nachteile enthalten. Das Abwägen kann hin und wieder zu einem frustrierenden Ergebnis führen. Scheitern und Durchhänger inklusive. Alles andere wäre feige und inkonsequent. Doch das Risiko des Misserfolgs muss man wagen. Auf halber Strecke anzuhalten und umzukehren gilt hier nicht.

»Ich-Projekte« werden immer unterschiedlich aufgenommen. Ein »Ich-Projekt« gilt bei dem einen als Durchbruch, der andere findet es zum Gähnen langweilig. Oder einfach misslungen. Uninteressant.

Objektiv betrachtet ist ein »Ich-Projekt« dann ein gutes »Ich-Projekt«, wenn es einen neuen Vorschlag zur Lösung einer aktuellen Fragestellung darstellt. Und das dann auch tagtäglich beweist. Wenn ein »Ich-Projekt« allerdings nicht wirklich zum Einsatz kommt, bleibt es reines Kopfkino. Eine leere Hülle als Versprechen. Erst die Umsetzung macht ein »Ich-Projekt« vollkommen. Ansonsten bleibt es wertlos und ohne Nutzen. Hübsch anzusehen vielleicht, aber das reicht nicht aus. Es streichelt noch nicht einmal unsere Eitelkeit. Es wärmt auch nicht. »Ich-Projekte« werden erst dann zu einem guten »Ich-Projekt«, wenn sie den Reality-Check überlebt haben. Ich finde ja, dass eigentlich auch jedes schlechte »Ich-Projekt« den Versuch einer Umsetzung verdient. Doch oft fehlt uns dazu die Zeit und die Lust.

So oder so, jedes »Ich-Projekt« sollte den steinigen Weg der Verwirklichung erleben dürfen. Je langlebiger es sich dann erweist, desto besser scheint es geeignet für eine Veränderung. »Ich-Projekte« mit unaufgeregter Langzeitwirkung sind der absolute Hammer.

»Ich-Projekte« sind in vieler Hinsicht denkbar. Für eine persönliche Veränderung. Eine Berufswahl. Einen Berufswechsel. Sie sind Inspiration bei der Entscheidung für einen neuen Lebensabschnitt. »Ich-Projekte«, kreative Lösungsansätze, sind für komplizierte und unkomplizierte Probleme jeder Art geeignet. Für uns selbst und für die Welt.

Nun gibt es »Ich-Projekt«-Generierer unter uns, die ein »Ich-Projekt« nach dem anderen produzieren. Das kann anstrengend sein. Es fällt manchen Menschen anscheinend erschreckend leicht, sich von einem »Ich-Projekt« zum nächsten inspirieren zu lassen. Steve Jobs hat bekanntlich nicht nur den iPod, sondern auch das iPhone, iPad und iTunes entwickeln lassen. Manche sprechen von ihm heute als iGod. Innovationsausstoß allerdings ohne Konsequenzen für die Realität sind wirklich nicht mehr als geistige Onanie.

Andererseits gibt es jene, die quasi unter einer selbst diagnostizierten »Ich-Projekt«-Allergie leiden. Die allein schon bei dem Wort »Brainstorming« verkrampfen. Zur Beruhigung sei gesagt: Nicht die Menge der Geistesblitze macht's. Manchmal reicht schon ein einziges »Ich-Projekt«. Darauf wurden schon ganze Karrieren erfolgreich aufgebaut. Aber nur, wenn es dann auch mit aller Kraft und Konsequenz Wirklichkeit wurde. Denken Sie nur an Facebook und Google. Ikea und Aldi. Bionade und Red Bull.

Nicht die Menge des Outputs zeugt von Qualität, sondern der kraftvolle Einsatz für den Input. Ein »Ich-Projekt«-Zwischensammellager wäre eine schöne Sache. Es wäre doch schade, wenn gute »Ich-Projekte« spurlos verschwinden wie der Zug nach nirgendwo.

Große Persönlichkeiten zeichnen sich dadurch aus, dass sie für ihre »Ich-Projekte« Opfer gebracht haben. Wie lange es auch gedauert hat und wie groß die Widerstände auch waren, diese Köpfe haben nie aufgegeben, sondern ihre Visionen grandios und gnadenlos verteidigt. Das sind die wahren Charakterköpfe. Denn sie haben gelernt, dass nichts aufregender ist als die Macht und die Kraft eines neuen schlagkräftigen »Ich-Projekts«, wenn seine Zeit gekommen ist. Um das Überleben einer Innovation zu gewährleisten, sollten sie allerdings in der Lage sein, ihre »Ich-Projekte« präzise, mit Esprit und großer Begeisterung zu vermitteln. Sonst können sie es gleich lassen. Ohne ein überzeugendes »Ich-Projekt«-Marketing entsteht keine wahrnehmbare Sichtbarkeit auf dem Weg zum Erfolg.

Manchmal wirken kreative Köpfe auch seltsam verstockt, rechthaberisch und ohne Charisma. Das sind dann Sturköpfe. Jeder von uns kennt mindestens einen. Menschen, die einfach nur penetrant auf ihre »Ich-Projekte« beharren und denen es einzig und allein um das Prinzip, um das Rechthaben und um ihre Eitelkeit geht. Langweilig ist das und destruktiv.

Gebot der Stunde: Talent, Ehrgeiz und eiserner Wille

Talent ist der Feind jeder Karriere. Auf Talent kann man sich wunderbar ausruhen. Talent gibt einem Hoffnung, denn man trägt ja die Möglichkeiten und Chancen automatisch in sich. Talent ist leicht eine Entschuldigung für Nichtstun. Kommt Zeit, kommt eben Rat. Talent ist eine Art von Versprechen. Ohne großes Zutun ist mit Belohnungen zu rechnen, wenn das Versprechen eingelöst wird. Doch geht das Prinzip Hoffnung nicht wirklich auf. Talent ist immer auch eine Verpflichtung. Felix Neureuther hat lange unter seinem großen Namen gelitten: »Sein Name ein Versprechen!« »Die Erfolgsgene in die Wiege gelegt!« Irgendwann hat er sich davon gelöst und seine persönliche Definition von Erfolg entwickelt. Um den Druck herauszunehmen, hat er seine Eltern gebeten, nicht mehr bei seinen Wettbewerben vor Ort zu sein. Günstige Rahmenbedingungen ermöglichen innere Freiheit und Zugang zu den eigenen Talenten.

Talent ohne Ehrgeiz hat allerdings den Totalausfall zur Folge. Erst innere Beteiligung bringt uns in Bewegung. Was genau ist aber »Ehrgeiz«? Eine Mischung aus Ehre und Geiz. Man spricht von einem falschen und einem gesunden

Ehrgeiz. Ich meine hier den gesunden Ehrgeiz, der einhergeht mit einem Interesse an der Sache, das wiederum größer sein muss als das Interesse an der rein persönlichen Anerkennung. Ehrgeiz gilt als ein Charakterzug, der das Erreichen persönlicher Ziele erst möglich macht. Damit sind Dinge wie Leistung, Erfolg, Anerkennung, Einfluss oder Macht gemeint. Geld und weiteres materielles Besitzstreben spielen dabei nur indirekt als Motivation eine Rolle.

Jeder, der ambitioniert ist, also ehrgeizig, muss irgendwann Opfer bringen. Jeder Erfolg hat seinen Preis. Erfolgsmenschen sind oft bereit, die Rechnung in Form von Zeitnot und Stress zu zahlen. Empathie und Teamgeist verschwinden leider zu oft infolge falschen Ehrgeizes. Der zeichnet sich vor allem durch Selbstüberschätzung und Arroganz aus.

Viele Menschen gehen den Weg des Erfolgs nicht über persönlichen Ehrgeiz. Entweder besitzen sie keinen oder er ist ihnen nicht so wichtig. Solche Menschen haben dann oft den »Ehrgeiz«, gut Freund mit jedem sein zu wollen. Dann sieht man manchmal auch wie ein erfolgreicher Mensch aus. Doch beliebt zu sein ist nicht wirklich ein Ausdruck von Erfolg. Das kann ein Missverständnis sein. Ich würde da eher von einer geglückten Anpassung an die Bedürfnisse anderer sprechen. Auch das ist ein Weg, die eigenen Ziele zu erreichen.

Viele Menschen bevorzugen aber eine andere Vision des »Ich-Projekts«. Sie wollen selbst Spuren, eigene Fußabdrücke auf dem Planeten hinterlassen. Denn heutzutage scheint nichts unmöglich. Ist es nicht spannend sich auszuprobieren, indem man lauter Dinge versucht, die man nicht kennt und nicht wirklich kann? Ich glaube an die Kraft der Neuerfindung. Alle paar Jahre nehme ich mir vor, mich neu zu erfinden und etwas anderes zu erlernen. Vom Schauspieler zum Coach. Vom Coach zum Autor. Vom Autor zum Redner. Und jetzt? Das »Ich-Projekt«. Zuvorderst gilt es, dass Sie mehr in sich hineinspüren als bisher. Was lässt Sie relevant fühlen? Sprengen Sie Ihre Ketten. Wo sehen Sie sich? Heute? Morgen? Und vergessen Sie nie: »Ein vergnügtes Hirn denkt besser!« Der gefährlichste Satz in einer Sprache lautet: »Wir haben das doch schon immer so gemacht!« Wenn Sie auch so von Ihrem Leben denken, dann ist es Zeit, kurz innezuhalten und auf Neustart zu drücken. Nehmen Sie sich den Ausspruch von der amerikanischen Bürgerrechtlerin Maya Angelou zu Herzen:

»Wenn du ständig versuchst, normal zu sein, wirst du niemals wissen, wie großartig du sein kannst.«

Schauen Sie sich Cinderella an. Sie hatte einen Traum von sich. Ein »Ich-Projekt«. Aber erst als sie die Schuhe tatsächlich an ihren Füßen hatte, wurde ihr bewusst, wer sie wirklich sein kann und welche Potentiale in ihr schlummern. Der Gang auf den neuen Schuhen war für sie der Eintritt in ein neues, Grenzen sprengendes Leben voller Abenteuer. Der Geistesblitz einer Alternative. Im Grunde hat sie immer schon gedacht, dass »alltäglich« keine wirkliche Option für sie war. Das »Ja« zu sich selbst hat nichts mit Egoismus zu tun, sondern mit der Annahme dessen, was möglich ist.

»Ich will so berühmt werden wie Persil!«, schrieb Victoria Beckham in ihrer 2001 erschienenen Autobiographie »Learning to fly«. Das klingt nach einer klaren Ansage. Aber warum »Persil«? Es lag nicht an den dem Waschmittel zugeschriebenen Eigenschaften. Es ging um den Grad der Popularität dieses Waschmittels. Sie wollte eine globale Marke werden. Ein ehemaliges Spice-Girl träumt von sich als Markenartikel. Da muss man erst einmal drauf kommen. Sie wollte nicht nur prominent sein. Nein, sie wollte sich bedeutsam fühlen. Eine Marke mit Wiedererkennungseffekt sein. Das hat sie heute eindrucksvoll geschafft. Es kam ihr also nicht darauf an, wer sie war oder woher sie kam: »You may know me, but you have no idea who I am!« Sie hat sich als Marken-Imperium neu erschaffen. Sie versuchte mit aller Macht, mehr zu sein, als sie anfangs zu sein schien. Und was die Leute in ihr sahen. Das war ihr »Ich-Projekt«. Und was man sich selbst vorstellen kann, kann man irgendwann auch erreichen. Gedanken schaffen Worte, Worte führen zu Verhalten, aus Verhalten wird Wirklichkeit.

Posh Spice hat sich dabei eisern an einen Wahlspruch gehalten: »It's better to be late, than to arrive ugly!« Heute ist sie eine unbestritten, weltweit agierende Stilikone, erfolgreiche Designerin und Geschäftsfrau. Ein Leichtgewicht mit der Energieleistung eines Windkraftwerkes. Diese Kraft braucht man allerdings auch, um aus dem Nichts eine solche Karriere hinzulegen. 80 Prozent Kraftpaket reichen da nicht aus. Fünfe gerade sein zu lassen leider auch nicht. Konsequenz und Durchhaltevermögen heißt die Devise.

Die britische Popsängerin und Showmasterin Lily Allen: Kontroversen mit Spaß

Lily Allen ist eine britische Sängerin. Ihr Markenzeichen ist der freche Umgang und das provokative Spiel mit dem Genre der Popmusik und dem herrschenden Frauenbild in dem Business. Songs wie »Fuck you«, die in einem unschuldigen und eingängigen Popgewand daherkommen, um dann im Text und im Video einen bösen Abgesang auf einen Verflossenen zu entfalten, sind typisch für ihre intelligente und unerschrockene Art und Weise. Scharfzüngiger Humor ist ihre Waffe, gekonnt poetisch und musikalisch in Szene gesetzt. Auf den Punkt genau karikiert sie Konkurrentinnen aus dem Showgeschäft und führt deren frauenfeindliche Verkaufsstrategien böse vor. Sie macht sich durch lustvolle Persiflage scharfzüngig lustig. In dem Song »Sheezus« kommentiert sie schonungslos, wie lüstern der Boulevard die angeblichen Kriege von weiblichen Prominenten goutiert. Gerade im Medienkrieg, der um die Frage kreist, wer nun die wahre Queen of Pop sei, zeige sich die ganze künstliche Aufgeregtheit zu kommerziellen Zwecken, so Lily Allen.

Mit ihrer Kunst der Provokation sorgt sie für Aufmerksamkeit und Schlagzeilen. Sowie für eine treue Fanbase. Angstfrei seziert sie in ihrer Musik und deren professioneller Präsentation live und im Video die Intrigen der Musikszene und die brutalen Folgen des Schönheitswahns in der Popindustrie. Die schonungslose Parodie auf den Selbstoptimierungszwang in Form von Schönheits-OPs für Popstars findet sich in ihrem Titel »Hard out here«. Lily Allen thematisiert auf sehr unterhaltsame Weise die Ausbeutung von Frauen in der Musikbranche. Clever, smart und äußerst witzig. »Es sind Teilaspekte unserer Gesellschaft, die ich verarbeite!« Sie ist eine glaubwürdige und einzigartige Künstlerin einer neuen Generation. Ein Gegenentwurf zu den Künstlern, die es heutzutage aus Karrieregründen vorziehen, nichts zu sagen.

Ich verdanke meinen Erfolg weniger meinen Kenntnissen als meinem Charakter

Michelangelo, der Erschaffer der Statue von David, war der Meinung: »In jedem Steinblock steckt eine Statue, und es ist die Aufgabe des Bildhauers, sie zu entdecken!« Ein großer Grundgedanke für das Leben in all seinen Facetten kommt hier zum Ausdruck. Es reicht nicht, nur kompetenten Umgang mit dem Material zu pflegen. Es gilt, immer auch eine Idee mitzudenken. Der Flirt aus beiden Komponenten, Handwerk und Inspiration, macht es. Unschlagbar. Jeder kennt dieses Aha-Erlebnis, wenn man den »Dreh« herausgefunden hat.

Sie waren auch irgendwann mal begeistert in Ihrem Leben. Es gab einen Zeitpunkt, da wollten Sie die Welt umarmen. Erinnern Sie sich an diese perfekten Momente und lernen Sie daraus für die Zukunft. Bleiben Sie aber bitte nicht bei dem Wunsch hängen. Vorsätze sind keine wirkliche Hilfe, sondern eher Hindernisse. Vorsätze sind wie Wünsche. Sie bleiben oft im Ungefähren und dienen als Teilzeit-Valium. Ziele sind da wesentlich Erfolg versprechender für die Umsetzung von »Ich-Projekten«. Realistische Ziele mit Raststätten der Messbarkeit. Letztere dienen als Motivationshilfe. Einfache Schritte bringen Fortschritt. Reduktion auf das Wesentliche setzt uns in Bewegung. Langfristige, mittelfristige und kurzfristige Ziele des »Ich-Projekts« gilt es zu identifizieren und zu benennen. Damit Sie immer konkret wissen, was zu tun ist. Alles andere endet oft und schnell in Überforderung, Frust und Motivationsverlust.

»Jeder kann alles erreichen, wenn er es nur will und richtig denkt!« Stimmt das? Das hört sich verführerisch an. Und so einfach. Das kann aber schnell in Enttäuschung enden. Die »Alles-ist-machbar-Denke« ist weit verbreitet in unserer Gesellschaft. Das TV-Programm wimmelt von Castingshows. Singen, Tanzen, Modeln, die TV-Shows wiederholen dieses Mantra unentwegt und schicken junge Menschen in das Hamsterrad der Chancenverwertung, um sie telegen scheitern zu lassen. Das ist diskussionswürdig.

Erfolg wird einem nicht geschenkt und Glaube allein versetzt, wie Talent, noch keine Berge. Doch ist es nicht attraktiver und gesünder, sich dem vielleicht kranken Wettbewerb zu stellen, als im Jammertal vor sich hinzudämmern? Spaß, Energie, Leistungsbereitschaft, Erfolgsdenken, konstruktives Denken und Optimismus im Umgang mit »Ich-Projekten« – all das ist sexyer als dumpf vor sich hinzuvegetieren. Zu Beginn eines »Ich-Projekts« ist oft ein unrealistisches Wunsch-Denken ein Hindernis auf dem Weg zum Erfolg. Die Sehnsucht nach Gelingen, Selbstüberschätzung und Übermotivation produziert da schnell Rohrkrepierer. Zu viel zu schnell am Start zu wollen und dadurch keinen langen Atem für den gesamten Lauf zu haben, ist ein Manko. Geschuldet dem medialen Heilsversprechen der schnellen Instant-Zielerreichung. Da kann die Wirklichkeit Träume und Hoffnung brutal auf den Boden der Tatsachen zurückholen. Bei einem »Ich-Projekt« muss immer mit Schwierigkeiten, Herausforderungen und Misserfolgen gerechnet werden. Alles andere ist eine Lüge. Von Konflikten aus der Kurve getragen zu werden ist unschön, aber leider schnöder Alltag. Die zweite Luft zu haben, um kraftvoll in die Zielgerade zu kommen, das ist der Anspruch, dem es gerecht zu werden gilt, wenn man zu den Finalisten des »Ich-Projekts« gehören will.

Sportler sagen immer, dass Siege im Kopf gewonnen und Wintersportler im Sommer gemacht werden. Mit anderen Worten: Ausdauer gehört, genauso wie mentale Stärke, in »Ich-Projekt«-Krisengebiete. »Work. Sweat. Achieve!«, meint Jared Leto. Über allem steht allerdings die Sinnfrage. Ich muss immer eine Vorstellung davon entwickelt haben, was für ein tieferer Sinn und Zweck für mich hinter dem »Ich-Projekt« steht. Die Frage nach dem Warum verlangt unerbittlich eine Antwort. Sonst folgt bei Konflikten und Frustrationen schnell ein Motivationsverlust auf dem Fuße und das Scheitern ist unerbittlich vorprogrammiert. Eine

Antwort auf das Warum wirkt da als Vitaminspritze. Die Definition des persönlichen Erfolgs ist mentales Doping für die Zielerreichung von »Ich-Projekten«. Die Erwartungen anderer erfüllen zu wollen ist keine gute Antwort auf die Frage nach dem Sinn. Das ist geborgter Sinn.

Wer zwanghaft denkt: »Das Glas ist halbvoll …!«, wer immer die negativen Aspekte ausblendet und seinen Fokus ausschließlich auf die positiven Dinge richtet, ist langfristig gefährdet, krank zu werden. In diesem Punkt ist die positive Psychologie umstritten. Der Vorwurf, es drohe die Gefahr des Realitätsverlustes, steht dabei unbewiesen im Raum. Ich bin der Meinung, dass positives Denken das Selbstbewusstsein stärkt, die Wahrnehmung für die Resilienz schärft und Vertrauen in die eigenen Ressourcen und die Selbstwirksamkeit schafft. Gleichwohl bin ich davon überzeugt, dass der selektive Blick durch eine rosa Brille ein Missverständnis des positiven Denkens darstellt und das Lernen aus Misserfolgen und schlechten Erfahrungen verbaut. Das Glas kann auch mal halbleer sein. Nicht nur halbvoll. Nur so, durch die konstruktive Beachtung beider Seiten der Medaille, ist persönliche Entwicklung wirklich möglich. Wer die Neugierde auf die Kompetenzerweiterung verliert und das Lernen aus Fehlern nicht wahrnimmt, vergibt große Wachstumschancen. Für mich ist es nicht so entscheidend, ob das Glas halbvoll oder halbleer ist. Entscheidend ist, es löscht den Durst. Das verstehe ich unter konstruktivem Denken.

Unterstützung in dem Prozess persönlichen Wachstums in »Ich-Projekten« können sogenannte Buddys sein. Das sind Wegbegleiter, die um die Wünsche, Etappen und Ziele wissen und mit denen wir in einem kontinuierlichen Dialog stehen, indem wir sie immer über den neuesten Stand des »Ich-Projekts« informieren und sie uns Feedback geben dürfen. Auch ungefragt. Das führt zu einer Zusatzmotivation durch soziale Kontrolle und bezwingt gleichzeitig den inneren Schweinehund, sollten wir mal nicht in Form sein. Die Peinlichkeit, vor unserem Mentor als Verlierer dazustehen, schafft zusätzliche Motivation, erhöht aber auch den Erfolgsdruck.

Narben haben eine Geschichte

Fotografieren Sie eine Ihrer Narben in Nahaufnahme. Schreiben Sie auf, wie und wodurch sie entstanden ist. Erzählen Sie die Geschichte dieser Narbe.

Narben legen Zeugnis ab über unser Über-Leben. Gut, daran zu erinnern, wozu wir in der Lage waren. Das erhöht das Repertoire der Selbstwirksamkeit.

Vom »Chefchen« zum Chef: Der Fußballer Bastian Schweinsteiger

»Ich habe inzwischen das Gefühl zu wissen, wie man Titel gewinnen kann.« Dazu gehört für Bastian Schweinsteiger nicht nur fußballerische Qualität, da muss man seiner Meinung nach noch etwas anderes mitbringen. Denn nicht immer gewinnt die Mannschaft mit dem größten fußballerischen Know-how. »Ich hatte schon als Kind einen sehr großen Willen. Ich habe immer an mich geglaubt und nie aufgehört zu kämpfen, auch wenn es fast aussichtslos war und das Rennen schon verloren schien.« Wenn jemand von sich behaupten kann, er sei genau in der richtigen Zeit geboren worden, dann klingt das wahrhaftig nach geglücktem Angekommensein im Hier und Jetzt. Zu diesem Glück gehört für Schweinsteiger deshalb auch, Spieler wie Oliver Kahn persönlich kennengelernt zu haben. Den Mann, der als das Vorbild für einen unglaublichen Willen gilt. Fußball ist für Schweinsteiger nicht immer nur Spaß, Schönheit und Freude, sondern ein beinhartes und brutales Geschäft. Ein Geschäft, das er in all seinen Facetten zu durchdringen versucht.

Schweinsteiger gilt als starke Persönlichkeit, mit der man auf hohem Niveau über Fußball und Taktik sprechen kann. Ihm wird eine hohe Sensibilität bescheinigt, die ihm manchmal im Wege stehen soll. Er hat Ecken und Kanten und man sagt, er sei hin und wieder auch kompliziert. Er gilt als großer Stratege mit taktischer Klugheit und klarem Überblick. Er versucht, das Spiel durch sein immenses Durchsetzungsvermögen zu dominieren. Unbedingten Erfolgswillen hat er sich über die Jahre antrainiert. Von der Presse früher zum »Chefchen« degradiert, wurde er mittlerweile von Joachim Löw zum »Chef« der Nationalmannschaft befördert. Als Kapitän zeigt er es inzwischen allen Kritikern. Und auf öffentliche Kritik gibt er heute nur noch wenig. »Maximal ein Prozent. Nicht mehr!« Das zeugt von großem Selbstbewusstsein. Grenzenlose Lauf- und Kampfbereitschaft sieht er als seine größten Erfolgsfaktoren. »Gras fressen.« So zitiert er die Erfolgsformel eines Co-Trainers beim FC Bayern. Man müsse den Willen haben, sich bis zum Äußersten zu überwinden und die eigenen Leistungsgrenzen zu verschieben. »Annehmen, was kommt!« Ohne

Wenn und Aber. Im Privatleben sieht er sich weniger verbissen. Da steht für ihn der Spaß an erster Stelle. Behauptet er zumindest.

Nichts auf der Welt ist so wunderbar ansteckend wie schlechte Laune

»Muss ich irgendetwas mitbringen?« »Nur gute Laune.« Habe dann abgesagt. Oder: »Der Clown zum Frühstück ist die wichtigste Mahlzeit des Tages!« Ich finde immer wieder interessant, wie Menschen mit dem Betreten eines Raumes das Raumklima verändern können. Mit ihrer schlechten Laune beeinflussen sie automatisch die Atmosphäre aller Anwesenden untereinander. Nur wenige können sich dem wirklich entziehen und sind quasi immun dagegen. Bei den anderen beginnen die Gedanken zu frieren und »Ich-Projekte« schmelzen wie die Polarkappen. Ich habe nie begriffen, ob die Klimamacher um diese »Fähigkeit« wissen und sie vielleicht auch hin und wieder bewusst zu ihren eigenen Gunsten einsetzen. Klar ist aber, dass jeder die Macht hat, mit seinen Stimmungen sich und andere positiv oder auch negativ zu manipulieren. Das betrifft genauso Denkprozesse und Brainstormings. Ob in der Gruppe oder auch im eigenen Kopf.

Wenn ich innerlich Stimmung gegen mich selbst mache oder auch äußerlich gegen andere Krieg führe, werde ich keine konstruktiven Lösungen für mein »Ich-Projekt« entwickeln können. Diese destruktiven Strategien sind pure Energiefresser. Es sei denn, Sie gehören zu der Spezies, die sich von schlechter Energie ernähren und ihre Akkus damit aufladen. Ticken Sie nicht so, dann bringen Sie sich vor dieser Spezies in Sicherheit. Es gibt erstaunlich viele Menschen, die meistens mit inneren Widerständen und einer Vielzahl von negativen Gedanken bei ihrem »Ich-Projekt« zu kämpfen haben.

Ist es nicht wesentlich attraktiver, mit einem authentischen Lächeln auf den Lippen ein »Ich-Projekt« zu verfolgen? Mit Stolz und Freude an den eigenen Prozessen und Ergebnissen zu arbeiten? Kann ein »Ich-Projekt« nicht überwiegend Genuss sein? Auch wenn es anstrengend und schwierig ist? Kann es nicht trotzdem Spaß machen? Manchmal auch gerade deswegen? »Wer oder was mich stresst, entscheide ich immer noch selbst!« Je weniger Angst und Druck ich persönlich aufbaue, desto relaxter kann ich mich der Herausforderung widmen. Spaß schafft Lebensenergie, die jede Pore des »Ich-Projekt«-Prozesses prägt und bereichern kann, sodass die Funken fliegen. Wir sind geistig immer in Bewegung, entwickeln Spaß an der Sache und beeindrucken unsere Umgebung mit Tempo, Hingabe und Humor, wenn wir uns in eine Sache stürzen. Wenn das kein Grund ist, jeden Morgen das Bett zu verlassen, um sich voll und ganz dem »Ich-Projekt« zu widmen.

»If you don't like where you are, then change it. You're not a tree!«

Das ist doch ein tröstender Gedanke. Sie sind kein Baum, sie sind nicht mit Wurzeln an einen Standort gefesselt. Sie haben die Freiheit, Ihre Umgebung zu wechseln. »Be the change!« Die innere Haltung bestimmt das Erlebnis und das Ergebnis. Nur was ich mir konkret als »Ich-Projekt« vorstellen kann, kann auch wahr werden. Wir sind zufrieden, wenn wir geistig oder körperlich gefordert sind. In einem »Ich-Projekt« aufzugehen, ist ein Glück. In einem »Ich-Projekt« unterzugehen, ist ein Unglück. Wenn die Balance zwischen Anforderung und Fähigkeiten stimmt, dann tauchen wir ein in die Welt des Flows. Wir versenken uns in eine Welt der Konzentration und erleben kreative Prozesse, wenn Konzentration und Motivation zusammenkommen. Alles fließt. Alles ist im Fluss. Dieses Gefühl des »Bei-sich-Seins« ist Teil unserer Sehnsucht nach Lebendigkeit. Wie ein Scanner suchen Sie die Welt nach verwertbaren Inspirationen ab. Und wenn Sie dann ein Puzzleteil gefunden haben, fühlt sich das wie ein perfekter Moment an. Aus Sorge wird Euphorie. Aus Fragen werden Antworten. Aus Fragezeichen werden Ausrufezeichen. Wichtig ist dabei nicht die Perfektion, mit der wir etwas tun, sondern die Leidenschaft, mit der wir unser Ziel verfolgen. »Man muss manchmal vom Weg abkommen, um sein Ziel zu verfolgen!«, so der Schweizer Architekt Hans Zaugg. Oder wir versuchen, ein Ziel zu verfolgen, als ob wir keins hätten. Das lässt uns im Flow die Leichtigkeit des Seins verspüren.

Hin und wieder begegnen uns Hindernisse bei der Verwirklichung eines »Ich-Projekts« oder wir stellen uns sogar selbst ein Bein. Widerstände fühlen sich manchmal an wie ein Skandal in eigener Sache. Aus einem spielerischen Kampf wird manchmal ein hektischer Krampf. Aber ein »Ich-Projekt« ist ein energetischer Prozess. Ein ständiges Auf und Ab. Man sollte allerdings immer vermeiden, Opfer der Umstände zu werden oder sich auch nur so zu fühlen. Das raubt unnötig Kraft und Energie. Ich finde die Vorstellung, dass man immer selbst der Motor für ein »Ich-Projekt« sein kann, motivierend. »Above all: try it!« Alles verändert sich ständig. Wenn Plan A nicht funktioniert, nimmt man eben Plan B ins Visier. Und wenn der auch nicht aufgeht, versucht man es mit den verbliebenen Buchstaben des Alphabets. Viele Menschen glauben, der Weg zum Erfolg sei immer gradlinig. Und Schwierigkeiten lösten sich irgendwann von allein auf. Denn wenn es läuft, dann läuft es. Wie von selbst. Ja, es gibt sie, diese seltenen Momente, wenn einem alles zu gelingen scheint. Aber im Allgemeinen sieht die Realität anders aus. Durchhaltevermögen und Geduld sind die Zauberworte für Gewinner. Lockerheit im Denken und Tun sind die Losungsworte. Dann kann man Großes schaffen.

Beim Spaß fängt der Ernst an: Die Siebenkämpferin Carolina Klüft

Die Schwedin Carolina Klüft war eine weltbekannte Leichtathletin. Im Siebenkampf galt sie lange als unverwundbar und fuhr drei WM-Goldmedaillen ein. 2003 in Paris, 2005 in Helsinki und 2007 in Osaka. 2004 gab es Gold bei der Olympiade in Athen. Im Jahr 2008 tauschte sie den Mehrkampf gegen den Weit- und Dreisprung und landete unsanft. 2012 verließ sie die Sportarena. Gegenwärtig arbeitet sie für das schwedische Fernsehen. Bis heute wird die Seriensiegerin als Sportheldin der besonderen Art gefeiert.

Sie gilt als die erste Leistungssportlerin, die sich dazu bekannte, dass der Spaß für sie im Mittelpunkt stand. Spaß ist hier nicht zu verwechseln mit Kick oder Fun, den oberflächlichen Vertretern der Freude. Carolina Klüft wurde leider fälschlich oft darauf reduziert. Sie galt als Partygirl. Undiszipliniert. Nicht hart genug. Dabei verstand sie Spaß als ihren ganz persönlichen und besonderen Zugang zum Sport. Spaß war ihre Motivation. Die Freude am Tun. Sie war nie ein Mensch, der von krankhaftem Ehrgeiz, übertriebener Eitelkeit oder Medaillensucht angetrieben worden ist. Sie wollte etwas anderes. Spaß an der Sache. Lockerheit. Die Leichtigkeit des Seins. Wenn jemand wie Carolina Klüft von Spaß als Profession spricht, meint sie Spaß als Aufforderung zur bedingungslosen Hingabe. Wenn jemand Spaß an einer Sache habe, dann betreibe er sie sehr ernsthaft, voller Konzentration und Leidenschaft auf höchstem Niveau. Spaß zu haben heiße eben nicht, dass einem alles gleichgültig sei. Spaß sei etwas wahrhaft Seriöses. Man tut, was man kann, und noch viel mehr – aus purer Freude. Ob man dann zur Weltspitze gehört oder unter die Top Ten, ist zweitrangig. Carolina Klüft ging es nicht um Podestplätze oder sonstige Belohnungen. Sie war angetrieben durch intrinsische Motivation. Der Sport, die Tätigkeit war Belohnung genug.

Das ist, bewusst oder unbewusst, der Grundgedanke des Flow-Prinzips. Weg vom Ergebnis-Denken hin zum Sport als Erlebnis. Das schafft dann, im besten Fall, großartige Leistungen. Die Medaillen sind hier nie der alleinige Grund für das harte Training, sie sind aber ein willkommenes Zubrot. »Erfolg ist nicht deine Identität!«, hat Carolina Klüft mal gesagt. Gelassenheit gehört zu ihren Stärken, genauso wie innere Souveränität. Sie ist immer gut beraten gewesen, auf ihre innere Stimme zu hören. Diese riet ihr anscheinend, immer Spaß an der Sache zu haben, es ernst zu meinen, wenn sich ihr eine Herausforderung bot. »Manchmal glaube ich, ich sollte das kleine Mädchen, das ich war, nicht vergessen. Weil sonst vergesse ich mich irgendwann selbst. Ich möchte nicht alt und langweilig werden. Ich möchte die kindliche Art von Humor und Leidenschaft behalten!«

Reden ist Silber, Schweigen mitunter Gold

Selbstdarsteller nehmen sich wie selbstverständlich Raum und Zeit. Doch es reicht nicht, die eigene Großartigkeit in leuchtenden Farben darzustellen. Man kann das so machen, sicherlich. Wenn Sie irgendwo zum ersten Mal auftauchen, können Sie natürlich eine Show abziehen. Das geht. Nur ob das wirklich Eindruck schindet und Ihr Gegenüber dann so reagiert, wie Sie es sich wünschen, bleibt dahingestellt. Wahrscheinlich eher nicht, denn wenn Sie sich in den Mittelpunkt stellen, erfahren Sie nichts Wesentliches. Fragen können da weitaus wirkungsvoller sein. Schweigen kann auch sehr effektiv sein. Oder, anders formuliert, Zuhören macht häufig einfach mehr Sinn. Anderen Menschen erst einmal zuzuhören ist ein Ausdruck von Wertschätzung. Man hält Sie für einen interessanten Menschen, weil Sie Interesse signalisieren. So einfach ist das manchmal. Sie wollen interessant sein? Seien Sie interessiert. Und zwar wirklich! Aufmerksamkeit ist das Kostbarste, das wir jemandem schenken können. Uneingeschränkte Aufmerksamkeit ist ein seltenes Gut heutzutage. Dadurch machen Sie wirklich auf sich aufmerksam.

Wenn Sie dann auf Ihr »Ich-Projekt« zu sprechen kommen, denken Sie an die drei wichtigsten Aspekte: Sagen Sie, was kommt. Formulieren Sie, worum es sich handelt. Ergänzen Sie, was es bedeutet. Mit Begeisterung und Hingabe. Wenn Sie überzeugen wollen, dürfen Sie die ganze Klaviatur menschlicher Ausdrucksformen nutzen.

Machen Sie ordentlich Wind, denn Sie kämpfen gegen Windmühlen. Oft hat man es in Meetings (den echten im Beruf und denen im Kopfkino) mit »Teufels Anwalt« zu tun. In vielen Fällen sind die Rollen »Guter Hund, Böser Hund« klar verteilt. Die Vertreter des bösen Hundes sind darin geschult, immer nur die Gegenposition einzunehmen. Bis zum Überdruss. Ohne Anschein von konstruktiver Kommunikation spielen sie Bedenken, Kritik und negative Gedankenschleifen schonungslos aus. Gnadenlos. Boshaft. Destruktiv. Das kann man nur als Spiel betrachten. Akzeptieren Sie die

Spielregeln und halten Sie sich an den guten Hund. Denn sonst besteht die Gefahr, jeden positiven Impuls zu überhören und im Negativismus unterzugehen. Dann ist jede Idee und jede Lösung für das »Ich-Projekt« in Gefahr. »The only way to achieve the impossible is to believe it is possible!«

Bereiten Sie sich aber auch auf die vorhersehbaren Störer und deren Fragen vor. Lassen Sie sich nicht zu oft überraschen oder auch vorführen. Wenn Sie das Meeting vorab schon einmal gedanklich durchgespielt haben, sind Sie auf der sicheren Seite. Sie kennen das Gefühl und wissen um die Gegenargumente. Sie können die Bedenkenträger nur entwaffnen, wenn Sie deren Zweifel schneller zerstreuen, als sie geäußert werden können. Gesundes Selbstvertrauen ist der Schlüssel für eine gelungene Promotion Ihres »Ich-Projekts«. Lieben Sie, was Sie tun.

Einen Trost gibt es: Oft sind die lauten Zweifler nicht die Entscheidungsträger. Sie üben sich nur im vorauseilenden Gehorsam, um auf dem Minenfeld der unterschiedlichen Meinungen und Geschmäcker nicht umzukommen. Handlanger sind Geschmackspolizisten der ängstlichsten Sorte. Sie können »Nein« sagen und tun es leider auch aus Feigheit oft genug. Das »Ja« müssen Sie vom Bestimmer bekommen. An der vordersten Front. Umgehen Sie die Wasserträger elegant. Das ist jeden Versuch wert. »Ich-Projekte« müssen dem Entscheidungsträger präsentiert werden. Diese verfügen über wesentlich mehr geistige Freiheit, Mut und Souveränität. Die Macht sollte mit Ihnen und Ihrem »Ich-Projekt« sein. Bekommen Sie, was Sie wollen.

Manchmal ist es nicht mit einem einfachen Ja für Sie getan. Ihre Eitelkeit ist gekitzelt und nun wollen Sie glänzen. Sie wollen den anderen so entflammen, dass er Ihre Begeisterung teilt. Mehr noch, er soll genau so begeistert sein, wie

Sie es sind. Das kann schwierig werden. Und in einem Desaster enden. Sie haben ein »Ja«, aber sie wollen, dass Ihr Gegenüber an Sie und Ihr »Ich-Projekt« glaubt. Verrennen Sie sich nicht. Doch wenn Ihnen der Coup gelingt, Glückwunsch! Glaube versetzt ja bekanntlich Berge. Wenn man an Sie und Ihr »Ich-Projekt« glaubt, ist das schon die halbe Miete. Und Glaube wirkt wie eine Art Placebo. Der Glaube an Sie macht Sie manchmal noch wirksamer, als Sie wirklich sind. Ein nicht zu vernachlässigender Aspekt. Aber Vorsicht vor Eitelkeitsattacken Ihrerseits. Auch Selbstliebe macht blind!

Nur wer irrt, bekommt die einmalige Chance auf etwas Neues

Wenn Sie unterschätzt werden, liegt das zum einen an der Missachtung Ihrer Persönlichkeit, zum anderen gibt es Ihnen aber auch die Möglichkeit, unbehelligt Ihre eigene Strategie zu entwickeln, um bestimmte Ziele zu erreichen. Denn niemand hat Sie jetzt tatsächlich auf dem Radar. Da kann man bequem für die eigene Sache unterwegs sein, um dann in einem Überraschungsmoment zuzuschlagen.

Wenn uns mal etwas danebengeht, sieht die Welt für einen langen Augenblick ziemlich trostlos aus. Manchmal ist das Ende eines »Ich-Projekts« allerdings die Chance für einen Neubeginn. Leider fühlt es sich in der Situation nicht so an. Im Gegenteil. Doch aus dem Tief, aus einer Phase der

Desorientierung und, ja, nennen wir es einfach beim Namen, aus einer Demütigung heraus kann ein Hoch entstehen. Der Druck, erfolgreich sein zu müssen, fällt weg und daraus kann unerwartet eine Leichtigkeit des Seins erwachsen. Als nackter Kaiser ohne Kleider steht man plötzlich wie befreit von Routinen und Zwängen da wie ein sorgloser Laie. Ein Vollprofi, umzingelt von eigenen und anderen Erwartungshaltungen, findet sich plötzlich ungewohnt orientierungslos im Tal der Möglichkeiten. Ein situativer unsicherer Anfänger ohne Netz und doppelten Boden ist auf der Suche nach einem Erfolgsrezept für sein »Ich-Projekt«.

Der deutsche Sänger Clueso vergleicht diesen Zustand mit dem Barfußgehen über Glas. Diese sensible innere Freiheit schafft Raum für kreative Denkprozesse. Das »Ich-Projekt« erfindet sich neu und schafft Platz für eine spannende Zukunft, die der Kraft des Instinkts vertraut und der Intuition, die wiederum auf trial and error beruht. Wir entdecken den Mut, frisch zu denken. Es keimt in uns die Hoffnung auf die Kraft der Veränderung. Begleitet von dem Wissen um die Fähigkeit, Theorie auch in Praxis umzusetzen. Und schon kehrt das Lächeln zurück. »If you can't stop thinking about it, don't stop working for it!«

Nutzen Sie die Kraft der Selbstwirksamkeit!

Beschreiben Sie eine effektive, aber ungewöhnliche Art der Selbstheilung, die Sie schon einmal an sich ausprobiert haben. Vielleicht stellen Sie sie auch nach und dokumentieren sie mithilfe von Fotos oder einem Video. Hier geht es um eine Metapher der Selbstwirksamkeit. Wir kennen vielfache Methoden und Wege, uns in einen

guten gesunden Zustand zu versetzen. Werden wir uns dessen bewusst und nutzen wir diese Kompetenz überall dort, wo wir sie brauchen können.

Kann ich mein Leben mal kurz speichern und was ausprobieren?

Schon Richard Branson hat gesagt: »If someone offers you an amazing opportunity and you're not sure you can do it, say yes, then learn how to do it later!« Er sagt nichts anderes, als dass man Chancen, die sich einem bieten, unbedingt wahrnehmen sollte. Auch wenn man glaubt, man sei noch nicht so weit. Wer Angst hat und dem Risiko aus dem Weg gehen will, sollte einen Moment innehalten und in sich gehen. Denken Sie kurz darüber nach, welchen Preis Sie für Ihr Zögern oder eine Absage zahlen müssen. Sollte es in Ihrer Biografie einen Schrottplatz der verlorenen Chancen geben, verhalten Sie sich in Zukunft einfach mal anders. Es werden Ihnen schon Wege der Bewältigung einfallen. Oder Sie arrangieren sich endlich und endgültig widerspruchslos mit Ihren verpassten Gelegenheiten. Alles andere ist Zeitverschwendung.

Bevor Sie beginnen, machen Sie sich auf jeden Fall Gedanken über Ihr »Ich-Projekt«. Darüber sollte Einigkeit bei den Zwiegesprächen in Ihrem Kopf herrschen. Nur dann werden Sie eine Richtung einschlagen können, um eine Ahnung davon zu bekommen, wohin das »Ich-Projekt« Sie führt. Schauen Sie dabei ruhig über den eigenen Tellerrand. Wachstumsgrenzen sind manchmal hausgemacht. Wachstumsschmerzen gehören unabdingbar dazu. Legen Sie einfach immer noch eine Schippe drauf. Bescheidenheit ist oft keine Zier. Können Sie sich vorstellen, etwas erreichen zu wollen, von dem Sie noch gar nicht wissen, ob Sie dazu in der Lage sind? »Fake it until you make it!« Das ist eine provozierende und herausfordernde Strategie zur Zielerreichung. Die Umsetzung sollte Sie nicht über-, aber auch nicht unterfordern. Aber fordern sollte Sie sie schon. Ihr innerer Kompass der Möglichkeiten wird Ihnen das richtige Maß einflüstern. Ihr Selbstbild wird Ihnen helfen. Nutzen Sie Ihr positives Bild von sich. Hier geht es endlich mal um Sie. Und Ihr »Ich-Projekt«. Nutzen Sie die Ihnen eigene Kreativität der Lösungsfindung. Das macht Sie schließlich unverwechselbar.

Suchen Sie überall, wo Sie auch gehen und stehen, nach Anregung. Schauen Sie in Museen, lesen Sie Bücher, studieren Sie Musik und die neuen Medien wie Instagram u. a. Lassen Sie sich verführen von Design, Erfindungen und Reisen. Nutzen Sie Google und Wikipedia. Lernen Sie Menschen und Kulturen kennen. Regen Sie sich auf oder freuen Sie sich. Sobald Langeweile auftaucht, suchen Sie bitte das Weite und eine neue Inspiration. Wichtigstes Kriterium Ihrer Suche nach einer Anregung für Ihr »Ich-Projekt« ist eine Interaktion mit dem Gesehenen, Gehörten oder Gefühlten. Je mehr Resonanz bei Ihnen erzeugt wird in Form von Zustimmung oder auch Ablehnung, desto mehr lernen Sie über sich. Vertrauen Sie dabei Ihrem Bauchgefühl.

Noch ein Tipp: Verabschieden Sie sich von Ihrem Originalitätsdruck. Formulierungen wie »Das könnte ich nie!«

oder »Was kann ich denn schon Spannendes dazu beitragen?« sind hier wirklich fehl am Platz. Entspannen Sie sich. Es gibt in Wahrheit nichts wirklich Neues. Die überraschende und intelligente Zusammenstellung von bekannten Aspekten schafft Neues. Das ist Kreativität. So entsteht Originalität. Schon immer. Und immer öfter. Sind Sie schon ein Teil der Lösung Ihres »Ich-Projekts»? Oder noch Teil des Problems? Das ist hier die Frage. Übertreiben Sie nicht in Ihrem Selbstbild. Bleiben Sie euphorischer Realist. Viele Menschen wissen ihre Talente und Fähigkeiten nicht wirklich realistisch einzuschätzen. Da kann es passieren, dass man sich für das falsche »Ich-Projekt« entscheidet. Aber keine Sorge, man kann Entscheidungen korrigieren. Ich habe von einer Frau gehört, die mit 50 ihr Abitur nachgemacht und mit 70 promoviert hat. Das macht doch Mut.

»Ich-Projekte« kennen keine Altersbeschränkung.

Erfreulicherweise ist man auch nie zu alt, um zu bemerken, dass man auf das falsche Pferd gesetzt hat. Die Schule des Lebens ist eben kein Ponyhof. Haben Sie nicht heimlich schon immer gedacht, was Ihr bester Freund vor Jahren zu Ihnen gesagt hat: »Das kannst du schon so machen, aber dann ist es halt Mist!«

Andere haben schon als junger Mensch eine ungefähre Ahnung von ihren Stärken. Sie haben eine Idee davon, wo sie hin wollen. Sie kennen ihr »Ich-Projekt«. Trotzdem entscheiden sie sich gegen ihr gutes Gefühl. Für ihr Sicherheitsdenken. Das tut irgendwann richtig weh. Etwas nicht zu wissen ist schon schlecht. Aber wider besseres Wissen eine Entscheidung getroffen zu haben ist wirklich übel. Doch das Problem ist lösbar: Hören Sie auf damit. Oder denken Sie zumindest konstruktiv über das Aufhören als eine mögliche Variante nach. Sie werden merken, allein der Denkprozess beweist Ihnen, dass Sie es ernst meinen mit sich. Eins ist sicher: Man kann nicht dauernd frustriert sein und gute Leistung erbringen. Das ist, als spiele man ein Leben lang »Toter Mann«. Wer will das schon? Steigen Sie aus. Das ist sicherlich kein leichter Weg, aber einer mit Würde. Kündigen Sie. Es gibt für Sie nur die zwei Möglichkeiten: Entweder Sie machen dann echte Fortschritte. Oder Sie entschließen sich zu bleiben und suchen nicht weiter nach Entschuldigungen.

Schauen Sie sich zunächst einmal die positiven Aspekte des »Ich-Projekts« an. Beginnen Sie mit einer hypothetischen Gedankenkonstruktion. »Was wäre, wenn …?« Schlafen Sie wieder durch? Haben Sie Angst? Oder spüren Sie Erleichterung? Wir lernen mehr von unseren Fragen als von unseren Antworten. Sicher, Sie müssten Ihr »Ich-Projekt« neu in die Hand nehmen. Irgendwo stand einmal geschrieben: »Depression ist eine Strafe für das Bravsein!« Darüber lohnt es sich, einmal kurz nachzudenken. Um es dann wieder zu vergessen. Oder wie der amerikanische Architekt und Visionär Richard Buckminster Fuller einmal festgestellt hat: »Man schafft niemals Veränderung, indem man das Bestehende bekämpft. Um etwas zu verändern, baut man neue Modelle, die das Alte überflüssig machen.«

Wir Menschen sind keine Hellseher, auch wenn einige das von sich behaupten. Die sitzen aber in Wohnwagen auf Rummelplätzen und bieten ihre Dienste für 20 € aufwärts an. Wir wollen immer zuerst die Antwort kennen. Antworten auf Fragen, die noch gar nicht gestellt wurden. Aber ist es nicht in Wahrheit viel interessanter, einen Lösungsweg für ein »Ich-Projekt« zu kreieren, als schon im Voraus zu

wissen, wie das Ergebnis aussehen wird? Ist der Versuch nicht spannender als des Rätsels Lösung? Ist des Pudels Kern wirklich im Vorfeld so interessant? Wer schaut sich schon gerne Sportsendungen in der Aufzeichnung an? Oder den Eurovision Song Contest. Oder das Wahlstudio. Das ist fade. Wir wollen ja auch nicht wissen, wann wir sterben. Gedanklich und praktisch für unser »Ich-Projekt« unterwegs zu sein macht viel mehr Spaß, wenn wir die Lösung im Vorhinein nicht kennen. Zu wissen, was kommt, erzielt keine besseren Ergebnisse. Im Gegenteil. Man wird denkfaul und lebt von seinen bisherigen Erfahrungen und Erfolgen. Suchende sind wesentlich ambitionierter und zufriedener. »Die kürzeste Strecke zum Erfolg ist, wenn man einfach hingeht«, hat schon Woody Allen gewusst.

Gut rechnen zu können, bedeutet noch lange nicht, dass Sie das dann auch gerne tun. Vielleicht reparieren Sie lieber Autos. Aber richtig gut sind Sie nicht darin. Ideal ist es, wenn Sie etwas gut können und auch noch gerne tun. Das ist der Jackpot! Grundsätzlich gilt aber, dass Sie herausfinden müssen, was Sie wirklich von Herzen gerne tun. Machen Sie ausfindig, was Sie gut können und gerne tun. Das ist manchmal ein Unterschied. In der Kombination aber ein unschlagbares Pfund. Wer einmal herausgefunden hat, was ihn wirklich zufrieden macht, was Lebensqualität ausmacht, der hat eine nicht zu unterschätzende Erfolgsaussicht auf ein gelungenes »Ich-Projekt«. Dabei spielt es überhaupt keine Rolle, ob Sie Mann oder Frau sind oder einfach Mensch. Es ist unerheblich, welche Nationalität Sie haben oder welchem Kulturkreis Sie angehören. Vergessen Sie Religion oder sexuelle Identität. Genießen Sie, was und wer Sie sind. Bleiben Sie authentisch.

Da ist das böse Modewort. Authentizität bedeutet Echtheit im Sinne von »für original befunden«. Einzigartig und mit einem hohen Wiedererkennungswert ist man sich selber und seinem »Ich-Projekt« treu. Das Handeln stimmt mit den Überzeugungen überein und man kann Ihnen glauben, was Sie sagen. Das ist doch ein erstrebenswertes Ziel. Frei von Masken und frei von Fälschungen beweist man unverkennbar und natürlich Stärke. Wie das gelingt? Nehmen Sie Ihr »Ich-Projekt« ernst in all seinen Facetten und nehmen Sie es leicht in allen Situationen. Das ist das Erfolgskonzept. Das gelingt am besten, wenn Sie ein »Ich-Projekt« verfolgen, das Sie wirklich wollen. Voll und ganz. Ehrlich und ohne Kompromisse. So machen Sie auf sich aufmerksam. So werden Sie wirksam. Nachhaltig.

»Das Leben ist nicht komplex.
Wir sind komplex.
Das Leben ist einfach,
und die einfachen Dinge
sind die richtigen Dinge.«
(Oscar Wilde)

Als wir jünger waren, schien den meisten von uns das Leben weniger komplex. Zumindest im Rückblick. Die Wahrheit ist, das Leben ist immer noch einfach. Das wird es immer sein. Der einzige Unterscheid besteht darin, dass wir älter werden, und je älter wir werden, desto schwerer und komplizierter werden die Dinge anscheinend für uns. Als Jugendliche sehen wir die Welt mit hoffnungsvollen, ungetrübten Augen. Wir essen, wenn wir hungrig sind, trinken, wenn wir durstig sind, und schlafen, wenn wir müde sind. Wir wissen, was wir wollen. Wir mögen lächelnde Menschen und halten uns von unsympathischen fern. Das Wichtigste ist für uns, dass wir uns mit Menschen umgeben, die das Beste aus uns herausholen.

Wenn wir erwachsen sind, haben uns negative Erfahrungen bereits häufig desillusioniert. Wir beginnen zu zögern und stellen unsere Intuition infrage. Wir gehen seltener Risiken ein, nicht, weil wir erfolgreicher sind, sondern einfach, weil wir weniger wagen. Und natürlich scheitern wir auch. Wir schrauben unsere Erwartungen immer mehr zurück und minimieren auf diese Weise das Risiko, enttäuscht zu werden. Wir versuchen, unser Leben immer mehr unter Kontrolle zu bekommen, und werden doch unzufrieden. Sicherheit ist kein Garant für Lebendigkeit. Wenn man nicht aufpasst, verliert man den Kontakt zu dem, was wir wirklich wollen und wer wir wirklich sind. Und wer wir sein wollen und was und wen wir tatsächlich brauchen. Irgendwann liegen dann viele, viele »Ich-Projekte« auf dem Friedhof.

Machen Sie sich die Worte Robin Williams bewusst: »No matter what people tell you, words and ideas can change the world.«

Der Sprung ins Ungewisse: Der Skispringer Thomas Morgenstern

Thomas Morgenstern ist 28 Jahre alt. Er beschreibt in seinem Tagebuch folgendermaßen die schlimmsten Momente seiner Laufbahn: »Ich öffne meine Augen. Ich weiß nicht, wo ich bin. Rund um mich herum ist es hell. Ich liege in einem Bett, mit weißen Tüchern, die bis zu meiner Brust hochgezogen sind. Die Wände und die Decke rund um mich sind weiß, die Neonröhren strahlen ihr künstliches Licht in den Raum. Ich bin im Krankenhaus. Schon wieder. Aber warum nur?«

Im Januar 2014 war dieser Moment. Selbstzweifel, Sorgen, Ängste. »War's das jetzt?« Der Traum vom Fliegen vorbei? Die Karriere beendet? Und die große Frage nach dem Sinn. Warum das Ganze? Er liegt mit Schädelverletzungen und Lungenquetschung auf der Intensivstation. Thomas Morgenstern kehrt dann sage und schreibe knapp vier Wochen nach dem Absturz beim Skifliegen am Kulm zurück auf die Schanze. Und nicht auf irgendeine! Auf die Olympia-

Schanze von Sotschi 2014. »Ich will meine Karriere nicht mit einem Sturz beenden!« Dieser Satz war der Startschuss für die Mobilisierung ungeahnter Kräfte und eine beispiellose Leistung. Physisch wie psychisch. Unbändiger Wille bringt ihn zurück. »Der Traum vom Fliegen.« Er hätte Skisprung-Geschichte schreiben können mit einer weiteren Goldmedaille im Einzelwettkampf. Ein Heldenepos. Angesichts der Krankengeschichte wäre das für den dreimaligen Olympiasieger die Erfolgsstory schlechthin geworden. Ein grandioses Finale für eine gigantische Willensanstrengung. Teamsilber war letztlich die Belohnung für die Quälerei, die ihn an die Grenze seiner Belastbarkeit gebracht hat. Metall, das glänzt. Aber rechtfertigt es auch den Preis?

Heinz Kuttin, sein Skisprungtrainer, sagt: »Man hat ihm damals angesehen, wie ausgebrannt er nach Olympia war. Es war wahnsinnig schwer, bei ihm wieder richtig ein Leben reinzubringen!« Sieben Monate sind seitdem vergangen, in denen er alles unternahm, um seinem Traum vom Fliegen wieder nahezukommen. Er versuchte die Stürze der letzten Saison mental zu verarbeiten. Das körperliche Aufbautraining lief optimal, sodass seine Fitness über jeden Zweifel erhaben war. Doch es sollte nicht sein. Die Probesprünge brachten die Ängste zurück. Die Abstürze und die Krankenhausaufenthalte haben ihre unsichtbaren Narben hinterlassen. 2003 in Kuusamo saß er nach einem schrecklichen Sturz wenig später wieder auf dem Balken. Mit 28 Jahren steckt man das anscheinend nicht mehr so locker weg. Zudem ist er inzwischen Vater geworden. Seine Weltsicht hat sich verändert. Er ist nicht mehr nur für sich selbst verantwortlich. Außerdem hat er in seinem Sport alles erreicht. Vierschanzentournee-Sieger, Gesamtweltcupsieger, Weltmeister, Olympiasieger. Die Ziele sind aus. Der »Traum vom Fliegen« zieht nicht mehr. Das Fleisch ist stark, aber der Geist spielt nicht mehr mit. Die Flügel sind geschmolzen. Karriereende. »Sprung in ein neues Leben!«, sagt er bei seiner letzten Pressekonferenz. Da blitzt der Optimismus eines Thomas Morgenstern wieder auf. Den Sprung ins Ungewisse hat er schließlich jahrzehntelang trainiert. Darin kennt er sich aus wie kaum jemand. Viel Glück!

Angst ist ein schlechter Begleiter

»Ein vernünftiger Mensch passt sich der Welt an.
Ein unvernünftiger Mensch passt die Welt seinen Vorstellungen an. Jeglicher Fortschritt ist dem unvernünftigen Menschen geschuldet.«
(George Bernard Shaw)

Am Anfang eines »Ich-Projekts« stehen Entscheidungen. Entscheidungen sind so eine Sache. Sie machen Angst. Angst vor der Entscheidung! Es gibt richtige und falsche Entscheidungen. Es ist nie von Vorteil, sondern immer bedenklich, keine Entscheidung zu treffen. Wir spielen auf Zeit und hoffen, dass die Zeit für uns spielt. Das tut sie aber nicht. Sie spielt nach eigenen Regeln. Keine Entscheidung ist auch eine Entscheidung. Immer. Wir wollen auf diese Weise kein Risiko eingehen und reiten doch auf der Rasierklinge oder tanzen an der Klippe.

Es gibt die Bauch- und die Kopfentscheidungen. Manchmal ist es klüger, den Verstand auszuschalten und der Vernunft freizugeben, um ein Ziel zu erreichen. Anders zu entscheiden, wäre die richtige Taktik. Aus dem Bauch heraus, intuitiv. Der Mensch ist im Grunde genommen vom Instinkt geleitet. Eigentlich. Bis ihm der Verstand in die Quere kommt. Und die Angst, einen Fehler zu machen. Und schlechte Erfahrungen. Wäre es nicht eine tolle Sache, einfach mal so eine Entscheidung zu treffen? Egal, ob falsch oder richtig. Hauptsache, Entscheidungsblockaden lösen sich auf. Ohne Rücksicht auf mögliche Verluste. Damit endlich Bewegung in den Entscheidungsprozess kommt. Frei von Angst, Reglement und Strategie. Mehr Mut zum Entschluss. Das ist leichter gesagt als getan. Ständig wollen wir die richtigen Entscheidungen treffen. Wir verhalten uns wie reine Vernunftwesen, obwohl wir die Fähigkeit zur Intuition besitzen. Leider tun das alle. Jeder ringt um die richtige Entscheidung mit Kopf und Verstand. Die Vernunft ist oft der alleinige Ratgeber und Maßstab. Verfügt unser Verstand eigentlich über eine Ausbildung oder einen Führerschein?

Wir denken uns um Kopf und Kragen. Alles und jeder wird berechenbar. Wir sitzen in der Ratio-Falle. Die Ergebnisse unserer Entscheidungen sind durchschnittlich und vorhersehbar. Doch unsere Sehnsucht geht in Wahrheit in die entgegengesetzte Richtung: »Spannend könnte sein …« »Interessant wäre doch …« »Wünschenswert fände ich …« Was sagt uns das? Wir leben im bedeutungslosen Konjunktiv. Ihre aus der Vernunft geborenen Entscheidungen erzeugen beruhigende rationale Ergebnisse. Aber irgendetwas scheint auf der Strecke zu bleiben. Veränderung. Träume. Wünsche. Sie. Ihr »Ich-Projekt«.

Wer immer nur den Kopf entscheiden lässt, ist schnell

austauschbar und vergleichbar. Eine Kopie. Denn alle Menschen gehen lieber auf Nummer sicher und vermeiden Risiken. Als ob es wirklich gelänge, eine Garantie für die Sicherheit unseres Lebens zu bekommen. Sollte jemand die Gebrauchsanleitung dafür kennen, kann er sofort an die Börse gehen und Milliarden scheffeln.

Die Entscheidungsschwachen verharren zu häufig in der Zwischenwelt des Wünschens und Hoffens. Hoffnung allein ist auch keine Lösung. Genauso wenig wie Glauben. Wissen wäre eine Option, aber nicht immer steht es zur Verfügung. Der Schritt vom Wünschen zum Wollen ist klein, aber oho. Dafür muss man scheinbar unangenehme Dinge tun. Unkonventionelle Entscheidungen treffen. Entschlüsse fassen, zu denen nicht jeder in der Lage ist, weil sie sich von der Meinung anderer Menschen unterscheiden. Weil sie Erwartungen enttäuschen. Die der anderen.

Doch Sie sind nicht auf der Welt, um anderer Menschen Erwartungen zu erfüllen. Es ist Ihr Leben. Die Entscheidung für den geringsten Widerstand ist belanglos, vorhersehbar und langweilig. Entschließen Sie sich, andere Entscheidungen zu wagen. Dann werden Sie neu denken können, aus Ihrer Routine erwachen und flexibel handeln dürfen und müssen. Das führt zu echter Inspiration. Diese Inspiration kreiert neue Ideen und frische Lösungswege zur Zielerreichung. Trauen Sie sich, anders als andere zu entscheiden, anders als gewohnt, dann können Sie erreichen, was Sie sich wünschen – sofern Sie es auch wollen. Das ist ein erster Schritt. Und klingt logisch.

»Great things never came from comfort zones!« Aus jedem Erwachsenen schaut ein Kind heraus und fragt sich, wie zur Hölle das passieren konnte. Immer schon gab es in unserem Leben Dinge, denen wir heute nachtrauern und die jetzt auf dem Friedhof der verpassten Chancen und verdorrten Gelegenheiten ruhen. »Haben wir uns damals falsch entschieden?«, fragen wir heute. Die Stimme unserer Vernunft meint: »Niemals, da bin ich sicher!« In Ihrem Sinne und zum damaligen Zeitpunkt haben Sie sich richtig entschieden. Das ist ja das eigentliche Problem. Hätten Sie damals den Mut gehabt, sich »falsch« zu entscheiden, wäre einiges anders gekommen. Doch es fehlte Ihnen an Courage zur falschen Entscheidung. Das ist der springende Punkt.

Das Leben ist eine endlose Abfolge von Entscheidungen. Partner oder Single? Kinder oder Hund? Auto oder Fahrrad? Haus oder Wohnung? Diät oder Sport? Dick oder dünn? Urlaub oder Arbeit? Sekt oder Selters? Fleisch oder Gemüse? Wähler oder Nichtwähler? Subway, Starbucks und Co. sind die Vorhölle für alle Entscheidungsschwachen, denn wir haben uns tagtäglich einer unendlichen Menge von Entscheidungen zu stellen. Hunderten, Tausenden, Hunderttausenden. Und wenn wir uns dann endlich zu einem Entschluss durchgerungen haben, ist es für uns in dem Moment der richtige. Sonst würden wir anders entscheiden. Wir sind das Ergebnis unserer Wahl. Was gibt es da zu meckern? Jeder wählt, was er verdient. Im Leben, im Beruf. Bei der Partnerwahl ebenso wie in der Politik. Sie treffen die Wahl. Also leben Sie auch mit den Konsequenzen. Jammern und Nörgeln machen nur unattraktiv. Sie haben damals nicht falsch entschieden. Aber entscheiden Sie sich heute endlich und einfach mal anders. Das klingt komplizierter, als es sich anhört. Misstrauen Sie dem ersten Impuls und warten Sie auf neue Signale.

Sie werden erfolgreicher sein, wenn Sie mutig statt feige sind. Spielerisch statt logisch. Risikobereit statt vorsichtig. Der Mittelweg ist nicht wirklich sexy.

Mittelmaß schafft keine Sichtbarkeit.

»Unverschämtheit« im wörtlichen Sinne (also ohne »Scham«) produziert Originalität durch Anderssein. Ein innovativer Mensch sollte furchtlos sein. Wer sich aus falscher Bescheidenheit zurückhält oder wegen seines vorauseilenden Gehorsams, kann weder Bestimmer noch Querdenker sein und auch nicht werden. Risikoarmut und Kreativität sind ein Widerspruch an sich. Genauso wie Übergewicht und Marathonlauf. Wer erfolgreich sein will, muss stören, entflammen und provozieren wollen. Es geht darum, sich als »Ich-Projekt« dem Mainstream zu verweigern. Den Zeitgeist zu verstehen, um mit großer Begeisterung die Welt, die Gesellschaft und die Menschen zu verändern. Vor allem anderen und in erster Linie auch sich selbst. Geben Sie die Richtung vor. Ihre Rolle ist die eines Provokateurs und Grenzgängers. Ein Borderliner im besten Sinne. Gehen Sie einfach immer weiter und lamentieren Sie nicht über Fehlschläge. Misserfolge lehren uns Demut, heißt es. Stimmt. Aber nicht zu lange, denn grüblerische Bescheidenheit ist der Tod jedes kreativen »Ich-Projekts«. Furchtlosigkeit ist Teil des Erfolgskonzepts.

»Du kannst nicht zwei Pferde mit einem Hintern reiten!«

(Woody Allen)

Eine Entscheidung steht an. »Und jetzt?« Genauso lautet die Frage aus einer sogenannten Impro-Übung. Erwartungsvoll wartet der Schauspieler auf neue Vorschläge aus dem Publikum, die eine Richtung, eine Idee oder einen Fortschritt bedeuten. Der Schauspieler hat die Möglichkeit, darauf zu reagieren, indem er, wenn er eine Sackgasse wittert, ausruft: »Neue Wahl!«

Am Beginn einer Entscheidung steht dieselbe Frage: »Und jetzt?« Verlieren Sie keine Zeit durch zu langes Nachdenken. Tatsächlich sind wir nach einer Bauchentscheidung nicht enttäuschter als nach einem langen Prozess des Abwägens. Wer vor einer wichtigen Entscheidung steht, kann sein logisches Denkvermögen nutzen oder eine Nacht darüber schlafen. Letzteres führt oft zu einem besseren Ergebnis. Wenn das keine gute Nachricht ist!

Die inneren Stimmen sind hilfreich, aber manchmal sind es ganz schön viele. Da gibt es die innere Stimme, die vergleichbar ist mit einer Impulsentscheidung inklusive einer Trefferquote von fünfzig zu fünfzig. Man hätte genauso gut eine Münze werfen können. Dann gibt es noch die innere Stimme, die eine Art Mitläufer darstellt. Sie verhält sich opportunistisch und speist sich aus einer Datenbank von Erfahrungen und Empfehlungen, genährt von Familie, Kollegen, Freunden und der Werbung. Diese innere Stimme wählt häufig den Weg des geringsten Widerstands und entspricht dem Mainstream. Grund ist die dem Menschen innewohnende Denkfaulheit. Denken ist Arbeit. Hin und wieder meldet sich auch die fast gottesgleiche Megastimme für Ausnahmesituationen zu Wort und gibt uns einen entscheidenden Tipp. Das sind ganz schön viele Stimmen … Wer spricht gerade? Und wenn ja, wie viele?

Rebellion ist natürlich eine weitere Möglichkeit, zu einer Entscheidung zu kommen. Der Maßstab ist dann immer das »Gegenteil von«. Das funktioniert, ist aber leider kein Ausdruck persönlicher Freiheit. Es hat erstaunlich wenig mit Ihnen, Ihren Wünschen und Ihrem Wollen zu tun.

Der Weg des geringsten Widerstands kann ein Erfolgsrezept sein. Das zu tun, was am einfachsten zu sein scheint. Ein gültiges Kriterium für eigene Entscheidungen. Alles, was stresst und Angst macht, bleibt auf diese Weise außen vor. Man bleibt da, wo man sich auskennt. Überraschungen und Überforderungen sind nicht an der Tagesordnung. Das kann man so machen, nur endet der Weg des geringsten Widerstands vielleicht in einer Sackgasse.

Ratgeber findet man für seinen Entscheidungsprozess in den besten Familien. Echten und Wahl-Familien. Manchmal führt zu viel Kenntnis und Nähe allerdings zu einer eingeschränkten Sichtweise. Die Erfolgsaussichten werden gedanklich minimiert und die Misserfolge maximiert. Das geschieht nicht aus bösem Wille. Man kennt sich einfach zu gut. Und macht sich Sorgen.

Beliebt ist als Entscheidungshilfe auch die Erstellung einer Plus-Minus-Liste. Hier werden in Stichpunkten die Pros und Kontras einander gegenübergestellt. Danach wird anhand der Faktenlage abgewägt.

Aus dem Coaching kennen wir den Ausdruck des »Weg von – hin zu«. Hier geht es um die Auflistung der Dinge, die man auf keinen Fall möchte. Also »weg von«! Wenn man weiß, was man alles nicht will, lässt sich oft herauslesen, was man wirklich will und sich manchmal nicht zu artikulieren traut. Vom Negativen zum Positiven lautet der Gedankenprozess. Das Leben ist jedoch kein Wunschkonzert. Die absolute Freiheit von Dingen, die uns nicht passen, werden wir nicht erreichen.

Fragen stehen am Anfang jedes Entscheidungsprozesses. So auch hier: Wer? Was? Wie? Womit? Wohin? Warum? Dann beginnt die Recherche auf allen Ebenen. Wie ein Journalist gilt es Zahlen, Daten und Fakten zu sammeln. So kann man langsam, aber sicher herausfinden, warum man sich so und nicht anders entscheiden wird. Vom Allgemeinen lässt sich auf das Besondere schließen.

Treffen Sie eine Entscheidung! Wer sich nie entscheidet, hat kein Recht auf Mitwirkung.

Ein bisschen verrückt muss man schon sein!

Jeder soll Sie so sehen, wie Sie sich selbst sehen. Das wäre doch der ideale Zustand, glauben wir, die absolute Deckungsgleichheit von Selbst- und Fremdbild. Alles andere macht uns Sorgen und Angst. Der Weg dahin? Entwerfen Sie ein »Ich-Projekt« für sich und werden Sie Realität. Geben Sie die Koordinaten ein. Der Rest folgt.

»Es geht nicht um Spaß! Es geht nicht um Demokratie! Es geht um den Luxus eines monströsen Einzeldaseins. Ich nehme an, dass Sie das nicht verstehen!«, schreiben Katz & Goldt in einem Comic. Sicher ist das eine, auf den ersten Blick, etwas verrückte Einzelmeinung. Doch ich finde, darin steckt eine Menge Potential.

Als das Parfum mit dem Namen »Égoïste« auf den Markt kam, war die Irritation groß. Ein genialer Werbecoup war geboren. Kontroversen sind immer gut, genauso wie alle Dinge und Themen, die polarisieren. Was kann man mehr wollen, als im Gespräch zu sein? Hinter der Idee, sich mit dem Parfum als Egoist zu outen, stand eine neue und provokante Marketingstrategie. Ego war nicht wirklich angesagt. »Du mit deiner Egonummer.« »Jetzt lässt er wieder sein Ego raushängen!« Es schien nicht gerade en vogue zu sein, sein Ego ins Rampenlicht zu stellen. Man stellte sein Licht lieber unter den Scheffel. Auch wenn es nur aus Taktik geschah. Statussymbole wie »meine Uhr«, »mein Auto«, »mein Haus«, »meine Yacht« galten als peinliche Auswüchse einer Egomanie. Doch hat der Egoismus nicht auch positive Aspekte? Geht es im besten Fall nicht um eine Art Selbstfürsorge? Zu wissen, was und wen man zu welcher Zeit und bei welcher Gelegenheit braucht, ist doch nichts Verwerfliches. Wenn jeder für sich selbst sorgt, ist doch schon mal an alle gedacht.

Als ich zu einer Handballmannschaft eingeladen wurde, die gegen den Abstieg kämpfte, war das genau die Frage. Wie funktioniert ein Team in Angst und Auflösung? Wenn jeder an sich selber denken darf, ist schon mal für alle gesorgt. Keiner bleibt zurück. Das Individuum mit seinem Vertrauen in die eigenen Fähigkeiten stärkt den Teamgeist, die Ressourcen lassen sich dann teilen. Der Rest ist die Entwicklung des Mannschaftsgedankens durch Austausch und Zusammenspiel der Talente in der Gruppe. Der demotivierende Trainer wurde von der Führung entbunden, um die Selbstverantwortung des Einzelnen in der Mannschaft als

Ganzheit zu fördern und zu fordern. Das selbstwirksame Team als Lösungsweg.

Vielleicht hat gesunder Egoismus doch eine Daseinsberechtigung. Ein glasklares Bewusstsein von den eigenen Bedürfnissen und eine Idee davon, wie man sie befriedigt, stellt in meinen Augen keine Bedrohung dar und ist auch kein Zeichen von Verrohung. Im Gegenteil. Schon Coco Chanel hat gesagt: »I don't care what you think about me. I don't think about you at all.« Bestimmer und Entscheider, Gestalter und Kreative haben oft ein großes Ego. Sie haben gelernt, gegen Widerstände anzugehen. Sie haben Grenzen verschoben. Die Welt verändert und andere in Bewegung gebracht. Solange es keine kranken oder auch gekränkten Egoisten sind, ist gesundes Selbstbewusstsein gut. Egozentriker, die sich auf Kosten anderer Menschen am Leben erhalten, sind hingegen außer Konkurrenz und weder zu entschuldigen noch zu tolerieren. Die gehören an die Leine gelegt. Ich spreche hier von den konstruktiven Auswirkungen eines sinnvoll praktizierten Egoismus. Warum so tun, als ob man kein Ego hätte, wenn es doch so viel Kraft und Energie gibt, um das eigene »Ich-Projekt« tatkräftig anzuschieben?

Suchen und sammeln wir die Besonderheiten unserer »Ich-Projekte« in all ihren Facetten. Verstecken und verkleinern wir uns nicht, sondern schauen wir uns an, was uns im Vergleich zu anderen ausmacht. Vielleicht erkennen wir Gemeinsamkeiten mit lebenden oder toten Personen. Vielleicht finden wir auch Unterschiede. Talente und Fertigkeiten, die uns auszeichnen. Konzentrieren wir uns auf unsere Stärken. Nur daraus werden wir Exzellenz entwickeln können. Wer sich auf seine Schwächen konzentriert (wie es heute immer noch gerne in Deutschland praktiziert wird, vor allem und auch im Leistungssport), schafft nur Mittelmaß. Die eigenen Defizite zu kennen und sie zum Positiven zu wenden macht Sinn. Doch sollten sie nicht im Zentrum unserer Aufmerksamkeit stehen. Das ist auf die Dauer zu wenig Erfolg versprechend und motivierend.

Der Trainer von Felix Neureuther ging zusammen mit ihm den Slalom-Parcours vor dem Rennen durch. Er gab ihm gut gemeinte Ratschläge nach dem Motto: »Mach das nicht, mach das nicht, mach das nicht!« Als Felix Neureuther vor dem Rennen den Kurs noch einmal visualisierte, ging es ihm ständig durch den Kopf: »Mach das nicht, mach das nicht, mach das nicht!« Und immer verlor er die Konzentration. Während des Rennens raunte ihm an den entsprechenden Stellen die immer selbe Stimme zu: »Mach das nicht!« Und zack, war er draußen aus dem Wettbewerb. Ich habe ihn gefragt, ob er die subjektive Kamera nicht einmal ausschalten wolle, um sich von außen zuzuschauen. Aus der Vogelperspektive. »Du meinst, so wie im Fernsehen?«, fragte er mich. »Ja.« »Da kann ich ja sehen, was für tolle Schwünge ich mache!« Was sagt uns das? Es veränderte seine Perspektive. Plötzlich war Felix Neureuther wieder in seinen Stärken unterwegs. Weg von der Fehlerorientierung hin zu seinem Leistungsvermögen. Gerade die Konzentration auf die Vermeidung von Fehlern lässt diese oft erst entstehen.

Nichts motiviert mehr als Erfolg. Und den erleben wir wirkungsvoll, indem wir unsere Stärken perfektionieren. »You may know me, but you have no idea who I am!« Diese Aussage kann man auch variieren. »I may know me, but I have no idea who I am!« Wenn dem so sein sollte, ändern Sie das umgehend. Denn in Ihrem Leben gibt es ein zentrales Thema: Und das sind Sie! Wer? Ihr »Ich-Projekt«. Genau. Sie sind der Bildhauer Ihrer Persönlichkeit. Ihre

Träume machen Sie nicht zu einem besseren Menschen. Ihr Handeln und Ihr Verhalten tun das.

Der Sinn des Lebens ist das Leben selbst. Was wäre, wenn wir diese Aussage ernst nähmen? Wenn Sie sie auch nur in Erwägung ziehen, wird Ihr Leben sich radikal ändern und völlig neu für Sie sein. Schließlich sind sie als »Ich-Projekt« keine Kopie, sondern ein Unikat. Das mit etwas Glück jeglicher Bedrohung und Gefahrensituation standhält, Haltung und Standpunkt verteidigt und mit aller Kraft und Entschiedenheit für Ideale und Werte kämpft. Stellen Sie sich vor, nur Sie haben Erfolg. Und wenn es heißt, Sie seien eingebildet? Keine Sorge, Sie gibt es wirklich.

»Ich bin der Herr
von meinem Stern,
ich bin der Meister
meiner Seel'!«

William Ernest Henley

Ihre Lebensgeschichte an einem Tag

In nicht weniger als einer und nicht mehr als 24 Stunden schreiben Sie Ihre Lebensgeschichte von Geburt an bis heute auf. Versuchen Sie dabei so detailliert wie möglich vorzugehen. Das macht es für Sie interessanter. Lassen Sie sich nicht von der Zeitbegrenzung frustrieren, es macht die Aufgabe etwas weniger furchteinflößend. (Sie haben ja noch das ganze Leben vor sich, um eine komplette Version zu erstellen.) Versuchen Sie so ernsthaft und konkret wie möglich, Ihr Leben in eine schriftliche Form zu gießen.
Kommen Sie auf den Punkt. Erinnern Sie sich an Wendepunkte, Schlüsselmomente, lebenswichtige Begegnungen, zukunftsweisende Entscheidungen, waghalsige Fehltritte und Situationen, in denen Sie sich der eigenen Relevanz bewusst wurden. Und lernen Sie daraus.

Ich muss nicht immer im Mittelpunkt stehen, sitzen ist auch okay

Bei der Partnerwahl steht bei Frauen wie Männern der Humor an oberster Stelle als unverzichtbares Kriterium. Dabei suchen Männer jemanden, der über ihre Witze lacht. Humor dient ihnen zur Selbstdarstellung und Absicherung ihres Status. Frauen lachen lieber über die eigenen Schwächen und haben Sinn für Situationskomik. Lachen verbindet. Interessant ist, dass sich immer wieder Menschen zu Paaren zusammenfinden, die den gleichen Sinn für Humor haben. Ein Mensch ohne Talent für Humor im Beruf bekommt irgendwann ernsthafte Probleme. Stellen Sie sich ein Leben ohne Humor vor. Der Gedanke macht mir Angst. Grau und triste, dumm und öde wäre das Leben. Aber macht Humor im Beruf wirklich Sinn? Haben Sie diese Frage auch schon mal in Bezug auf Ihr Privatleben gestellt? Sehen Sie!

Humor ist eine unterschätzte Ressource, immer noch. Ein Schmiermittel für gelingende Kommunikation. Humor braucht Herz und Verstand. Und Mut, weil Scheitern mit inbegriffen sein kann. Das macht Sorgen. Humor transportiert Ideen, Bilder und Gedanken auf eine unnachahmliche Art und Weise. Wenn Sie komplizierte Sachverhalte humorvoll formulieren können, dann haben Sie schon gewonnen. Wenn Sie Ihr »Ich-Projekt« in Humor verpacken können, ohne sich über Inhalte oder Beteiligte lustig zu machen, wenn Sie humorvolle Empathie herstellen können, dann sind Sie ein Meister Ihres Faches. Wer seine Angst überwindet, Mut wagt und dem eigenen Humor vertraut, muss nicht automatisch im Mittelpunkt stehen. Sitzen ist auch okay. Aber im Licht der Aufmerksamkeit wird er sich automatisch befinden. Egal, ob Top oder Flop.

Sollten Sie in das Fegefeuer der Kritik geraten, haben Sie meistens die Wahl: Entweder Sie schlagen aus Angst emotional zurück oder Sie kontern humorvoll, also clever. Sie können sich Ihrer Wut widmen und der Lust an der Zerstörung oder Ihren Gegner elegant mit Witz entwaffnen. Dazu sollten Sie sich immer erst einmal beruhigen und durchatmen. Mindestens fünfmal tief Luft holen. Vermeiden Sie den ersten Impuls, zurückschlagen zu wollen, das fällt nur auf Sie selbst zurück. Denken Sie nach. Reagieren Sie nicht blind, sondern auf Augenhöhe und mit offenem Visier.

Kontern Sie, aber benutzen Sie Samt- und keine Boxhandschuhe. Das funktioniert wunderbar mit intelligentem Humor. So wirken Sie unangreifbar und souverän. Wehren Sie sich auf hohem kreativem Niveau oder ziehen Sie sich lächelnd zurück und setzen der Diskussion ein Ende. Erhobenen Hauptes und mit Würde und Anstand.

Nehmen Sie Ihr »Ich-Projekt« selbst in die Hand. Irgendwann ist der Zeitpunkt gekommen, unvermeidbar ist er da. Es macht Angst, unzumutbare Aufträge, Beziehungen und Termine zu beenden. Tun Sie es trotzdem. Sie werden sonst in einer Warteschleife gefangen sein. Unangenehm ist das und die reinste Zeitverschwendung. Andere warten zu lassen ist ein Ausdruck mangelnder Wertschätzung. Eine unangenehme Machtdemonstration. Verkaufen Sie Ihr »Ich-Projekt« nie unter Wert, es sei denn, Sie entscheiden das so. Freiwillig. Ansonsten gilt, keine Kompromisse! Vertrauen Sie auf die Einzigartigkeit Ihres »Ich-Projekts«. Die haben Sie sich hart erarbeitet und noch härter verdient.

»Ich-Projekte« entstehen selten in irgendwelchen Diskussionen, sondern sind das Ergebnis harter Kopf- und Baucharbeit Einzelner. Gemeinsames Brainstorming endet oft in Sackgassen und ist eher Bremse als Gaspedal bei der Suche nach einer Lösung bzw. Entscheidung. Diskussionen kosten Zeit und gehen oft auf die Nerven. Solange sie, wie so oft, der reinen Eitelkeit und Sicherung von Machtoptionen dienen. In Diskussionsrunden wird selten entschieden, sondern viel zu gerne wird Verantwortung verschoben und Lösungen werden vertagt. Ein Übel, die Hölle, Wartesaal pur. Demokratie und Kreativität sind oft ein Widerspruch, beides zusammen droht eher in einer Denkblockade zu enden, als eine Innovation herbeizuführen. Es geht manchmal nicht um langweiligen Konsens, sondern um originellen

Fortschritt. Erst wenn ein »Ich-Projekt« existiert und auf eigenen Beinen stehen kann, sollte man darangehen, darüber zu diskutieren, wie die Lösung gemeinsam umgesetzt werden kann. Erst dann wird Teamarbeit wirklich sinnvoll. Es geht, wie überall, immer um Entscheidungen, um Intuition und Geschmack.

Man sollte das eigene »Ich-Projekt« allerdings immer gut begründen können, um die anderen im Nachgang für die eigene Sicht der Dinge begeistern zu können. Damit sie voller Elan daran teilhaben wollen. Das passiert meiner Meinung nach viel zu selten. Ein Machtwort ersetzt leider oft das gute Argument. Wenn das »Ich-Projekt« gut nachvollziehbar in der Gruppe zündet, wird es in der Umsetzung schließlich doch zu etwas Gemeinsamem. Ein Glücksfall. Aber zunächst muss jemand den Mut haben, für seine Sache einzustehen. Bei jedem Wetter. Um diese irgendwann in der bösen Welt der verschiedenen Meinungen unter die Leute zu bringen. Und mit vollem Einsatz und guten Argumenten das Überleben des »Ich-Projekts« zu sichern. Der grüne Daumen des Visionärs sorgt dann im Flirt mit den Umsetzern für reiche Ernte.

Fußballer mit Spaßfaktor: Thomas Müller

»Ich nehme mich selbst nicht allzu ernst und kann deshalb auch gut über mich lachen!« Müller gilt als Mann, der gerne austeilt, aber auch gut einstecken kann. Der Spaß steht für ihn ganz weit vorne beim Thema Lebensqualität. Beruflich und privat. Seine Art von Humor ist nie verletzend gemeint oder gar sinnlos albern. Er verpackt gerne Inhalt in seinen Witz. Ihm dienen Pointen tatsächlich als Schmiermittel für eine gelungene Kommunikation. Ironie steht dabei als Werkzeug an erster Stelle. »Be brave. Be ironic. It help. Be funny and create some magic.« Er kennt keine Angst und Manschetten im Umgang mit Autoritäten oder Hierarchien. Er begegnet seinem Gegenüber immer automatisch auf Augenhöhe. Seine kumpelhafte Attitüde erlaubt ihm schnell, seinen besonderen Sinn für Humor zu entwickeln. Gute Laune und ein stressfreies, lockeres Betriebsklima sind für ihn eine wichtige Voraussetzung für Erfolg. Unvergessen seine Fähigkeit, ohne Statusverlust über sich selbst zu lachen und nach einer verlorenen Wette während der WM in Brasilien im rosa Dirndl als Kellner aufzutreten. Während andere in Stresssituationen einen Tunnelblick entwickeln, sogar in Gefahr sind, zu verkrampfen, tickt er völlig anders. »Ich brauche Lockerheit!« Und dann geht es in Nullkommanix von 0 auf 100. Fokus pur. Das kann jeder auf dem Fußballplatz sehen.

Lügen haben kurze Beine

Die Großbaustelle »Ich-Projekt« ist kein Prozess ständiger Selbstoptimierung. Selbst Fitness-Studios bedienen sich mittlerweile entsprechender Mantras als Werbe-Slogans: »Jedes Ziel hat einen Weg. Geh deinen.« Oder: »Nichts kann jemanden stoppen, der auf dem Weg zu sich selbst ist.« Das Ziel soll man durch den »Willen« im Training erreichen. Das »Ich-Projekt« exklusiv durch individuellen sportlichen Einsatz. Körperliche Arbeit erschafft die wahre persönliche Vision. Ein »Ich-Projekt« zum Dumpingpreis. Das ist eine Lüge! So weit ist es also schon mit uns gekommen. Was haben Begriffe wie Individuum und Authentizität, Selbstbestimmung und Autonomie denn heute eigentlich noch für eine Bedeutung, wenn es uns allerorten marktschreierisch als Sonderangebot versprochen wird? Wenn die Begriffe überall so inflationär missbraucht werden? Dann kann man es mit der Angst zu tun bekommen. Wenn wir die Wahrheit kennen, warum schenken wir der Lüge dann Gehör? Schon Étienne de Senancour schrieb: »Zwischen dem, was ich bin, und dem, was ich sein möchte, liegt die Unendlichkeit.« Heute ist »Echtheit« die neue heiße Währung in Castings aller Art. Denn nur Authentizität erzeugt Gänsehaut, aus der sich wiederum Geld machen lässt. Analog und digital findet »Echtheit« ihre Verbreitung.

Erinnern Sie sich noch an den Mann im rosa Tutu aus der Telekom-Werbung? Oder an Paul Potts? Eben dort. Da sind Profis am Werk. Unter uns gesagt, scheint ein »Ich-Projekt« der ideale Konsument. Ein Blick in die Umkleidekabinen der Teilnehmer der »Shopping Queen« spricht Bände: »Das bin doch nicht ich!« oder »Ich erkenn mich endlich wieder!« Konsum schafft immer wieder neue Identität. Aus der Unendlichkeit zwischen dem, was man ist, und dem, was man sein möchte, entsteht das endlos shoppende »Ich-Projekt«. Um der Vergänglichkeit des eigenen »Ich-Projekts« zu entkommen, muss immer wieder konsumierend nachgelegt werden. Die Schönheitsindustrie bedient diesen Wunsch natürlich mit vollem Einsatz. Sich ein neues echtes »Ich« zu schaffen, nimmt bisweilen groteske Züge an. Hier kann man sein »Ich-Projekt« auf allen Ebenen und mit allen Hilfsmitteln so kreieren, wie man sich selbst gern sieht, um am Ende auch so auszusehen. Ein Wunder der Natur. Oder ein Alptraum?

Wir alle wollen uns selber finden. Unser echtes »Ich-Projekt«. Das ist kein täglicher Kampf um Selbstoptimierung. Wer sich findet oder erfindet, ist frei. Modern und selbstbestimmt. Schon Rousseau war der Meinung: »Die Freiheit des Menschen liegt nicht darin, dass er tun kann, was er will. Sondern darin, dass er nicht tun muss, was er nicht will.« »Ich-Projekte« gelten als Ausdruck von Stärke im Hier und Heute. Doch ist der beste Moment nicht der, »in dem wir schwach sein dürfen, ohne Stärke zu provozieren«?, wie es Adorno formuliert. Dieser Gedanke macht die Jagd nach dem »Ich-Projekt« plötzlich fragwürdig. Was ist passiert? Stehen wir vor einem Lügengebilde? Irritation. Aber nur für einen kurzen Moment. Dann geht es weiter: »Atemlos!« Helene Fischer lässt grüßen.

Sorry, die beste Zeit liegt hinter uns!

Wir leben heute und fühlen uns durch Erlebnisse und Erfahrungen ausgebremst. Die Umstände und Beziehungen strengen uns an. Haltungen, Erwartungen und Ansprüche überfordern uns. Wir haben Angst vor der Zukunft.

Wie kann ich in der Zukunft zufriedener sein? Wir befinden uns in der Gegenwart und hoffen auf ein besseres Leben in der Zukunft. Im Heute sind wir nicht wirklich froh und sehnen uns nach einer Veränderung der Situation im Morgen. Sorry, die beste Zeit liegt hinter uns! Das schockt Sie? In unseren schönen Erinnerungen, perfekten Momenten, geglückten Begegnungen und glücklichen Erfolgen liegt eine große Ressource für unsere »Ich-Projekte«. Das sind die Situationen, in denen wir uns relevant gefühlt haben. Wenn wir uns die Mühe machen, diese Schatzkiste des gelungenen Lebens zu heben und als Energiespender zu nutzen, sind wir genau hier und jetzt zufriedener.

Die Kraft der »moments of excellence« gilt es zu nutzen, anstatt uns in der Zukunft zu verlieren. Erinnern wir uns an diese besonderen Erfahrungen, können wir ihnen Respekt erweisen und sie gleichzeitig als Tankstelle für unser »Ich-Projekt« nutzen. Lassen wir die Zukunft da, wo sie ist, im Morgen. Natürlich wollen wir zukünftig auch Erfolg haben, ein glücklicheres Leben führen, eine bessere Arbeit haben und in funktionierenden Beziehungen aufgehen. Aber die Antwort auf die Frage, wie ich morgen zufriedener sein kann, liegt schon in der Vergangenheit.

Erinnern Sie sich an einen Moment größter Lebensqualität, als Sie sich bedeutsam empfanden! Mit allen Sinnen. Wer? Was? Wie? Wann? Wo? Mit Wem? Warum? Versetzen Sie sich mit all Ihren Fasern in die Situation und übertragen Sie die Energie, die Gefühle und die Kraft auf die Gegenwart Ihres »Ich-Projekts«. Das macht uns glücklich. Und wirksam. Jetzt und sofort. Wir schätzen wert, was war, und nutzen es als Ressource für das Hier und Jetzt. So verwirklichen Sie Ihre »Ich-Projekte«. Das Glück liegt nicht in der Zukunft. Oder auf dem Rücken der Pferde. Es ist schon da.

»Be the Change!«

Wäre der heutige Tag ein Fisch,
ich würde ihn wieder zurückwerfen

Ein »Ich-Projekt« muss heutzutage perfekt sein, sonst zählt es nicht. Wenn es nicht perfekt ist, wirkt es wie alter Fisch, den man schnell wieder loswerden will. Kennen Sie den Song: »Perfekte Welle« von Juli? Da ist die Rede von dem *einen* perfekten Moment, der alles rund macht und in dem alles möglich scheint.

Warten wir denn nicht alle auf den perfekten Moment? Auf das perfekte »Ich-Projekt«, die perfekte Idee, den perfekten Kunden, das perfekte Briefing, die perfekte Lösung, das perfekte Angebot und die perfekte Situation? Vom perfekten Partner gar nicht zu reden. Das kann dauern. Solange vertreiben wir uns die Zeit mit Selbstzweifeln und Sorgen. Um perfekt sein zu können, benötigen wir perfekte Bedingungen. Solange diese nicht erfüllt sind, strengen wir uns nicht wirklich an und sind nicht richtig bei der Sache. Die Situation ist ja noch nicht perfekt.

Sollten wir nicht besser jeder vor uns liegenden Aufgabe mit dem Wunsch nach Perfektion begegnen? Das würde uns vielleicht zufriedener machen. Oder mehr Spaß erzeugen und neue Erfahrungen ermöglichen. In der Warteschleife auszuharren ist unfassbar unproduktive Zeit. Das Beste aus einer Situation zu machen ist viel zielführender. So kann man sogar etwas Neues lernen. Einschränkungen können uns zu kreativen Lösungen zwingen. Aus der Not eine Tugend zu machen, das ist auch heute immer noch ein Erfolgsgeheimnis. Wer immer nur auf die perfekte Gelegenheit wartet, kommt nie wirklich vom Fleck. Manchmal ist das Gerede vom »perfekten Moment« auch nur eine Ausrede für Stillstand. Dahinter verbirgt sich eine tief sitzende Angst vor Problemen. Die Sorge vor dem Scheitern. Aber Fehlstarts sind Teil des Spiels. Nie Fehler zu machen heißt nichts anderes als mangelnder Einsatz. Sie unternehmen mit Sicherheit nicht viel, wenn Sie nie etwas falsch machen. »Nobody is perfect.« Wer nicht wagt, der nicht gewinnt. Manchmal müssen die Dinge leider in die Hose gehen, bevor man sie richtig machen kann.

Felix Neureuther sagte einmal, dass er den Begriff »Fehler« hassen würde. Wir nannten das dann »Erfahrungen«. »Misserfolg« war ein weiterer negativ besetzter Ausdruck. Wir machten daraus »Lektion«. Entscheidend ist für Felix Neureuther, dass man aus Erfahrungen lernt. Lektionen dienen, im wahrsten Sinne des Wortes, als Feedback. Wichtig ist ihm immer, Fehler nicht zu wiederholen. »Einmal mehr aufzustehen, als hinzufallen!« steht auf seiner Facebook-Seite. Fehler, die gemacht werden, sind ein gutes Zeichen für Aktivität. Scheitern kann sehr viel zu einem Erfolg beitragen. Aber nur, wenn man daraus lernt. Eine grundsätzlich positive Einstellung gegenüber Fehlern schafft eine befreiende Kultur. Man könnte auch sagen: »Ich scheitere nie, ich hatte nur zu viele Ideen, die nicht klappten!« Wenn man die Erlaubnis hat, Fehler machen zu dürfen, wird vieles einfacher und leichter. Der Ängstliche darf sich entspannen. Der Perfektionist kann locker lassen. Der Träge kommt in Bewegung. Nur der Papst hat den Ruf der Unfehlbarkeit. Der hat wirklich Stress.

Wir wissen nie, was wirklich passiert. Aber unsere Neugierde wird geweckt und befriedigt, wenn es anders läuft als erwartet. Fehler sind oft unangenehm und manchmal sind sie uns auch peinlich. Fehler als Selbstzweck sind hier nicht gemeint. Ich spreche von Fehlern, die uns auf der ernsthaften Suche nach guten Lösungen für unser »Ich-Projekt« passieren. Weil wir uns dann immer in der Risikozone des Neuen befinden. Menschen, die jedes Risiko meiden, haben nicht viel Lebensfreude. Weil sie jeder Gefahr entgehen wollen. Das bedeutet oft ein Verharren in Routinen und Komfortzonen. Alles scheint vorherseh- und berechenbar, aber gleichzeitig auch langweilig und ohne echtes Entwicklungspotential.

Risiken einzugehen schärft die Wahrnehmung und die Kreativität. Wenn ich mich dabei auch noch auf das Hier und Jetzt konzentriere, gelingt mir oft Besonderes. Wer über Risiken nachdenkt, verweilt entweder gedanklich in der Vergangenheit. Oder in der Zukunft. Das Spannende am Scheitern ist, dass es im Augenblick passiert. Jetzt. Unmittelbares Feedback im Hier und Jetzt. Wie Niesen und Lachen ist es pures gegenwärtiges Erleben. In der Gegenwart fühlen wir uns Menschen am wohlsten und am stärksten. Der ideale Moment also, um mit Fehlern umzugehen, sie zu verarbeiten und zu verkraften. Was für eine fantastische Gabe der menschlichen Natur. »Toleranz fängt bei Laktose an!« habe ich jüngst auf einer Jute-Tasche gelesen. Mit der Erhöhung Ihrer Fehlertoleranz können Sie ohne Probleme jetzt und sofort, also heute, mit Ihrem »Ich-Projekt« beginnen.

Vom Loser zur Legende: Der Skispringer Michael Edwards (»Eddie the Eagle«)

Auf der Schanze war Eddie the Eagle vom Anbeginn seiner Karriere chancenlos. Er war eigentlich Abfahrtsläufer. Er ließ sich 1988 für die Olympischen Spiele in Calgary als Skispringer nominieren. Großbritannien hatte sonst keinen, so konnte er sich leicht qualifizieren. Er war zum Scheitern verurteilt. Warum? Sein Training hatte er selbst finanziert, die Ausrüstung geliehen. Die Stiefel passten nur mit fünf Paar Socken. Den übergroßen Helm fixierte er mit einer Schnur. Außerdem war er stark kurzsichtig und trug stets eine Brille mit Gläsern wie Glasbausteine, die beim Sprung beschlugen.

Wie bewahrte er seine besondere Würde beim Scheitern? Drei Dinge waren entscheidend: Indem er sein Scheitern konsequent ausstellte, gelang ihm eine Umdeutung zum Erfolg und er sicherte sich auf diese Weise die Schaulust der Zuschauer. Außerdem überzeugte er alle davon, dass es sein größter Traum war, ein echter Skispringer zu werden. Er wirkte glaubwürdig. Kurz gesagt: Die innere Haltung machte den Unterschied. Dadurch behielt er seine Würde in Momenten der Lächerlichkeit. Gerade weil er der sportlichen Vernunft nicht gehorchte, hat er ein vergleichsweise selbstbestimmtes Berufsleben geführt. Er setzte sich seine Ziele selbst und entzog sich der gängigen Gewinner-Verlierer-Logik unserer Leistungsgesellschaft.

»Versuchen ist der erste Schritt des Scheiterns«, sagt Homer Simpson. Hätte sich Eddie the Eagle daran gehalten, wäre er wohl nie zu der einzigen Olympia-Legende geworden, die nie auch nur annähernd eine Chance auf eine Medaille hatte. Etwas nur zu versuchen ist etwas völlig anderes, als etwas mit aller Entschlossenheit durchzuziehen. Mit aller Konsequenz. Ohne Rücksicht auf Verluste. Aus Michael Edwards wurde schließlich »Eddie the Eagle«. Eine Legende, weil er keinen Schmerz kannte. Er trug einen Spottnamen, aber einen, der Sympathie ausdrückt. Während andere um die Medaillen kämpften, wurde er von Johnny Carson zu seiner »Tonight Show« in die USA eingeladen. Er verkaufte eigene T-Shirts, war Gast auf Partys und fand sogar einen Sponsor. Vom Loser entwickelte er sich so zur Legende.

Unter Druck reifen die schönsten Diamanten

Denken ist Arbeit. Arbeit ist Energie. Und Energie soll man sparen. Es gibt Tage, da kommen wir nicht in Schwung. Um uns herum steppt der Bär und wir selbst sind in einer Stimmung des ausgeruht Unaufgeräumten. Außerhalb unserer selbst scheint die Welt zu explodieren. Kopf- und Bauchgefühl bestätigen sich in seltener Eintracht und Harmonie: »Mir doch egal!« Easy going heißt der Rhythmus und er ist keinesfalls ein »dancer«. An solchen Tagen werfen die Kollegen uns dann Faulheit vor. In Wirklichkeit ist die Motivation heute Morgen einfach winkend an uns vorübergegangen.

Vielleicht haben Sie versucht, in die Gänge zu kommen, leider ohne vorzeigbares Ergebnis. Gut, Sie geben es zu: Ihre Motivation und Sie haben Beziehungsprobleme. Sie haben sich gestritten und leben gerade getrennt. Das ist allerdings noch nie wirklich ein Problem gewesen. Bisher. Denn das angedachte »Ich-Projekt« wird erstaunlicherweise auch ohne Druckaufbau und Stressgefühl erreicht. Bemerkenswert.

Gregor Schlierenzauer ist das Thema Druck anders angegangen. Als er im Finale der Vierschanzentournee vor der Situation stand, sie zum zweiten Mal in Folge gewinnen zu können, trafen wir uns vor dem Wettbewerb auf ein Gespräch. Um uns herum herrschte das blanke Chaos. Die Medien zerrten an ihm. Die Fans suchten seine Aufmerksamkeit. Sponsoren und die ganze Nation buhlten um seine Nähe. Nur im Adlerhorst herrschte gespannte Ruhe. Wir sprachen über den Druck. Und er formulierte den schönen Satz: »Unter Druck reifen die schönsten Diamanten!« Was für ein gelungenes Reframing. Er nahm die negative Bedeutung des Drucks nicht an, sondern kreierte eine konstruktive Sicht auf die Situation. Er schuf einen neuen Rahmen. Das machte ihn mental frei und locker. Er gewann schließlich die Tournee. War es Zufall, das Rihanna, die mit »Diamonds« gerade einen Hit gelandet hatte, in der gleichen Nacht auf seiner Geburtstagsparty Teil des Musikprogramms war? Nein, die Songauswahl war eine Idee von mir.

Ich bin ich

Wer für alles offen ist, kann nicht ganz dicht sein

179

»Ich bin genauso stolz auf das, was wir nicht machen, wie auf das, was wir machen!«, sagte Steve Jobs. Das ist auch eine Antwort. Ein Gegenentwurf zur Kapitelüberschrift.

Sie selbst haben ein schlechtes Gewissen, weil immer wieder Dinge wegen des Tagesgeschäfts auf der Strecke bleiben. Weil Sie es anscheinend nie allen und vor allem auch nie sich selber recht machen können. Aber wollen, weil Sie glauben, dass Sie müssen. Das »Ich-Projekt« kommt immer ganz zum Schluss. Mit allem und allen wirklich zu einem guten Ende zu kommen und in Frieden leben zu können, scheint aussichtslos. Willkommen im Klub des schlechten Gewissens. Das schlechte Gewissen ist ein nimmermüdes und besonders gern nachtaktives Wesen. Es summt und surrt und stresst ungemein. Immer bleibt der Eindruck, nie wirklich fertig geworden zu sein. Wir machen die unbefriedigende Erfahrung, selbst ständig zurückstecken zu müssen. Das »Ich-Projekt« muss warten. Denn unser Umfeld scheint auch ständig zu kurz zu kommen. Zumindest spiegeln uns das die Kollegen, die Familie, der Partner und der Freundeskreis. Die Zeit reicht nie für alles, was anliegt. Die Ansprüche wachsen scheinbar ins Unermessliche. Das schlechte Gewissen tyrannisiert uns derweil ohne Unterlass. Entspannung und Zufriedenheit haben Urlaub eingereicht.

Auf dem Weg, alles richtig machen zu wollen, verlieren wir irgendwann das Gleichgewicht. Den Versuch sollten wir getrost in Zukunft unterlassen. Das Gehirn ist schuld. Es ist das Zentrum für richtiges Verhalten und macht uns schlechte Gefühle. Wie das funktioniert? Unsere wortrei-

chen Selbstvorwürfe aktivieren unterschiedlichste Hirnbereiche. Welche genau, hängt von den Erfahrungen ab, die wir aufgrund der Gewissensbisse gemacht haben. Alles, was Kopf und Bauch wahrnehmen, findet dort im Gehirn seinen Niederschlag. Über das vegetative Nervensystem und die Steuerungszentrale unserer Hormone geraten dann Signale und Hormone zu allen Organen. Das schlechte Gewissen lässt den Blutdruck steigen, das Herz rasen, den Schweiß produzieren und den Hals eng werden. Wir werden Opfer und Protagonisten unseres schlechten Gefühls.

Die Schuldfrage umkreist die eigene Niederlage. Wenn wir mit einem Versagen konfrontiert werden, entsteht eine Kollision zwischen unserem idealen Selbstbild und dem sichtbaren Handeln. Um diese Disharmonie nicht anerkennen zu müssen, leugnen wir ein Scheitern eher, als es locker zuzugeben. Damit kann man zumindest den Eindruck, perfekt zu sein, aufrechterhalten. Aber nicht für immer und ewig. Es gibt Menschen, die behaupten, die Existenz des

Gewissens sei ein Segen für die menschliche Seele. Die Reflexion und Bewertung des eigenen Verhaltens helfe uns, innerhalb einer sozialen Gemeinschaft, erfolgreich sein zu können.

Unser Wunsch und Streben nach einem perfekt gelungenen Selbst lehrt uns Empathie und Sozialkompetenz. Wir möchten Wertschätzung durch unser Umfeld erfahren. Wir wollen geliebt werden. Das Gewissen ist uns dabei ein guter Navigator. Zeit unseres Lebens reichern wir das Gewissen mit Werten und Regeln an. Anstand und Moral liegen uns nicht in den Genen. Sie sind Ausdruck unserer Erziehung und Erfahrungen. Wir lernen, uns »richtig« zu verhalten. Wenn wir Regeln brechen wollen oder es bereits tun, meldet sich die innere Stimme in uns.

Deutliche Grenzen zu ziehen und Nein zu sagen sind die Erfolg versprechendsten Mittel gegen ein schlechtes Gewissen.

Stress entsteht, wenn man Ja sagt und Nein meint.

Beschuldigungen, die Gewissensbisse erzeugen, sollten am besten sofort thematisiert und diskutiert werden. Vorwürfe, die mit zusammengebissenen Zähnen runtergeschluckt werden, lösen keine Schuldgefühle auf. Im Gegenteil. Sagen Sie konkret, was Sie gerade umtreibt und was machbar ist aus Ihrer Perspektive. Das ist das Mittel der Wahl. Wer versucht, auf allen Hochzeiten zu tanzen, verliert irgendwann die Balance. Mit allem fertig werden und es allen recht machen zu wollen, wird niemals funktionieren. Dieser Perfektionszwang ist zum Scheitern verurteilt. Es gibt eine einfache Regel: Das schlechte Gewissen darf uns Hinweise geben, aber nicht die Luft zum Atmen nehmen und uns handlungsunfähig machen. Wir begrüßen gerne die gute Absicht des schlechten Gewissens. Es hat die Aufgabe und die Erlaubnis, uns zu kritisieren. Es darf uns Warnsignale senden, um uns zu beschützen. Es darf uns Konflikte und Herausforderungen aufzeigen. Es fungiert quasi als Frühwarnsystem. Danke dafür. Doch der Chef im Ring sind wir.

Ich bin viel zu attraktiv, sympathisch und klug, um arrogant zu sein

»Ich habe keine Macken, das sind special effects.« Verzichten Sie auf Arroganz, verwechseln Sie das nicht mit einem gesunden Selbstbewusstsein. Das macht einen gehörigen Unterschied. Arrogante Blender sind im Innern unsicher. Selbstbewusste Menschen haben das nicht nötig, sie haben eine bombensichere Intuition für die Richtigkeit und Qualität ihrer Lösungen und Ideen für ihr »Ich-Projekt«. Seien Sie von daher nie ein Großmaul. Vermeiden Sie verletzendes und herabsetzendes Verhalten. Dazu hat niemand das Recht. Und es hat auch keinen Stil. Es gibt keine Ausnahmen und Entschuldigungen. Wenn Sie sich Ihres »Ich-Projekts« sicher sind, können Sie ganz entspannt sein. Denn dann strahlen Sie den Optimismus aus, den Ihr Gegenüber braucht, um das Vertrauen in Ihr »Ich-Projekt« zu entwickeln. Jeder Druck, den Sie vielleicht unbewusst ausüben, erzeugt Gegendruck und schafft Misstrauen und Distanz. Wenn Sie sich Ihres »Ich-Projekts« sicher sind, wird es Ihr Gegenüber auch sein.

Sie haben die Energie, die Expertise und den richtigen Vorschlag zur Behebung der Probleme und Bewältigung der Herausforderungen. Ohne den Mut eines Versprechens, dass es mit Ihrem »Ich-Projekt« jetzt und in Zukunft anders werden wird, haben Sie keine Chance auf Erfolg. Zeigen Sie, was Sie können. Der Glaube in Sie ist ein hervorragendes Startkapital. »Es ist Zeitverschwendung, etwas Mittelmäßiges zu tun!«, so Madonna. Einstein formulierte es anders: »Everything that is really great and inspiring is created by the individual who can labor in freedom.«

Wer übrigens immer nur nach der Devise lebt »Like me, love me, follow me on facebook!« hat ein langweiliges Leben. Nach meiner Erfahrung hat jemand, der keine Feinde hat, meistens keinen Charakter. Anpassung um jeden Preis ist der schnellste Weg zu einem unattraktiven Gegenentwurf im Gegensatz zu einem interessanten innovativen »Ich-Projekt«. Ich würde Menschen selten als kompliziert beschreiben, höchstens als herausfordernd. Auch mich kann man schlecht in Worte fassen, man muss mich erleben. Wie jeden Menschen, wenn wir ehrlich sind.

Bad Boy im Skizirkus: Der Skiläufer Bode Miller

Bode Miller ist seit Anbeginn seiner Karriere für seinen einzigartigen und riskanten Fahrstil bekannt, der ihn bis heute zum erfolgreichsten Skialpinisten der USA macht. Diverse Weltmeistertitel und Olympiasiege stehen neben vielen anderen Siegen auf seiner Liste. Gleichzeitig gilt er als exzentrisch. Er inszeniert sich immer wieder als Rebell des Skisports und lässt keine Regeln und Konventionen für sich gelten. Er wurde lange als Partytier gehandelt, das brachte ihm den Ruf eines »Rockstars in Eis und Schnee« ein. Unerschrocken legte er sich mit Sportfunktionären und Verbänden an. Dabei ging es unter anderem um seine waghalsige Idee, Doping im Wettbewerb zuzulassen. Unnachgiebig kritisierte er Fehlentwicklungen der Sicherheitsstandards und die Technik seitens der Funktionäre und Co. Als er 2006 in Turin bei der Olympiade vor allem als Partylöwe reüssierte und ohne Medaillen in die USA zurückkehrte, wurde er von der Presse böse geschmäht. Er selbst machte die ihm auferlegte Rolle als »Aushängeschild« des US-Skisports, die ihm Inspiration und Leidenschaft geraubt hätte, für sein Verhalten verantwortlich. 2010 in Vancouver hingegen erklomm er nach eigener Aussage mit viel geringerem Druck und sehr viel mehr Spaß am Skifahren die Podestplätze.

Miller gilt als brutal direkt und ist ein Meister der kontroversen Meinungen und deren Verbreitung in den Medien. Das macht ihn gleichzeitig zum begehrten Gesprächspartner. Natürlich ist er ein Wegbereiter der Selbstvermarktung im Profisport. Er hat eine Biografie mit dem Titel *Go fast, be good, have fun!* herausgebracht. Darüber hinaus gibt es einen

Dokumentarfilm von ihm mit dem Titel *Flying Downhill*, in dem er über seine Lebenseinstellung, sein Umfeld und sein Training berichtet. Zudem ist er Namensgeber für ein Computerspiel: *Bode Miller Alpine Racing!*

Doch er schaut auch über den eigenen Tellerrand und ist Initiator der Turtle Ridge Foundation. Eine Stiftung, die sich um Umweltprojekte und soziale Einrichtungen kümmert. Er spielt natürlich Golf und besitzt ein Rennpferd mit dem naheliegenden Namen »Carving«. Als er sich einmal mit seinem US-Team zerstritten hatte, veröffentlichte er ein nicht ganz ernst gemeintes Video über seinen neuen Personal Trainer und dessen ungewöhnliche Trainingsmethoden. Im Video war er in voller Skimontur in einem Boxstudio zu sehen. In Skianzug, Helm, Skischuhen und Skiern sprang er Seil. Wenig später stand er in Skiausrüstung im Ring, um gegen seinen Trainer gnadenlos K. o. zu gehen. Seine beeindruckende Bauchmuskulatur wurde als mädchenhaft hingestellt und seine spektakulären Oberschenkel wurden als »chicken legs« verhöhnt. Sein vermeintlicher Manager verkaufte am Telefon hemmungslos jeden freien Flecken auf dem Rennanzug und sogar den Sichtbereich der Skibrille. Alles für den Umsatz! Zuletzt sieht man Bode Miller mit zwei Frauen als Motivationshilfe im Bett seines Wohnmobils liegen. Später reicht ein Transvestit Fast- und Junkfood zur Steigerung seiner Fitness. Das Video ist ein Meisterstück der Parodie allgemein unterstellter Klischees gegenüber Bode Miller und gleichzeitig eine intelligente und humorvolle Replik darauf.

Über sich selbst lachen zu können, muss man erst einmal schaffen in dem weitestgehend humorlosen Leistungssport und Köpfchen braucht man auch dafür. Humor hat immer auch mit Intelligenz zu tun. Ohne Intelligenz kein Humor.

Hoffnung ist auch keine Lösung

Manche Menschen sind echte Dauerbrenner. Bezogen auf ihre Laufbahn ist diese Spezies immer ganz weit vorne mit dabei. Schon in der Schule sahnt der Dauerbrenner durch profunde Vorbereitung, Intelligenz und richtiges Timing reihenweise gute Noten ab. Seiner eigenen Aussage nach hat er diese ohne Anstrengung erreicht. Ich dagegen musste mir immer alles hart erarbeiten und rettete mich gerade so über die Ziellinie. Wahrscheinlich gehöre ich eher zu den Durchlauferhitzern. Von 0 auf 100. Aber dann richtig. Oft

war Hoffnung in diesen Situationen wirklich keine Lösung, sondern nur ein Alibi oder auch ein Beruhigungsmittel.

Interessanterweise streiten viele der eben genannten Dauerbrenner jede Verantwortung für ihre beneidenswerten Ergebnisse ab. Entweder handelt es sich dann tatsächlich um Menschen mit Scannerblick und fotografischem Gedächtnis oder der Aufwand, den sie getrieben haben, war tatsächlich so groß, dass sie ihn verleugnen müssen. Wer spricht schon gern über Tage und Nächte des Lernens, während um einen herum das Leben voller Ablenkungen tobt. Man will ja schließlich nicht als Streber gelten. Möglicherweise ist ihnen aber gar nicht bewusst, welchen Aufwand sie für ihre hervorragenden Ergebnisse betreiben mussten. Sehr gute Noten sind für sie ganz selbstverständlich und damit keiner Rede wert. Wenn aber Erfolge zur Normalität gehören, lohnt das Feiern oft nicht. Es sei denn, die Erleichterung ist groß.

Viel hat mit den eigenen Erwartungen zu tun. Wenn die

Leistungsträger das Nonplusultra sind und die Mehrheit der Gesellschaft genauso tickt, bin ich als Durchschnittsbürger ziemlich außergewöhnlich. Ich setze mich ab von der Masse. Entsprechen meine Erwartungen auch meinen Leistungen, sodass ich bei mittelmäßigen Ergebnissen nicht enttäuscht bin, sondern zufrieden, kann ich meinem Anderssein durchaus etwas Positives abgewinnen. Denn ich bin ja nicht Mainstream. Die gewonnene Lebenszeit und meine individuellen Erfahrungen sind Belohnung genug. Versagen im Bildungssystem heißt nicht, dass man ein unbegabter Mensch sein muss. Bei Prüfungen zu versagen ist kein Untergang, sondern im Gegenteil eine stramme Leistung. Einzelschicksal gegen Gruppennorm. Glückwunsch!

Gute Noten sind übrigens kein Garant für eine große Karriere. Einige sehr erfolgreiche Menschen haben in der Schule versagt und auf dem Parkett des Lebens abgeräumt. Sie haben sich nicht frustrieren oder gar entmutigen lassen. Sie starteten ihr »Ich-Projekt«. Sie haben ihren Grips angestrengt und ihrer Kreativität freien Lauf gelassen und sich auf die Suche nach einem idealen Umfeld gemacht, in dem sie ihr Potential entfalten konnten. Das könnte auch Ihr Start in ein ungewöhnliches Abenteuer namens »Ich-Projekt« sein.

Manchmal steht man aber auch auf dem Schlauch. Hin und wieder produziert man einfach Müll. Wenn man mit seinem »Ich-Projekt« scheitert, sollte man immer die Größe haben, mit einem Lächeln vom Platz zu gehen. Nichts ist nattraktiver als Menschen, die nicht verlieren können. Selbstbewusst zu versagen ist eine Kunst. Die sollte man würdigen. Und Verlieren stellt auch immer den Beginn von etwas Neuem dar. Wenn man ein Auge dafür hat. Hauptsache, weitermachen. Aber nicht betriebsblind und trotzig, sondern neugierig und lernfähig. Nur so gelingt der persönliche und berufliche Fortschritt. Denn die größte Angst, die man im Leben haben kann, ist die Angst, einen Fehler zu machen. Wie sinnlos wäre das Leben, wenn man am Ende seines Lebensweges feststellen müsste, dass man kein einziges Mal gescheitert ist? Welche Blamage! Welches Erfahrungsdefizit!

Zum Glück wissen wir es heute schon besser. Niederlagen sind die Grundlage für spätere Siege. Die Erfahrung zeigt uns, dass es immer so lange unmöglich scheint, bis es jemand erfolgreich versucht hat. Frei nach dem Motto: »Alle sagten, das geht nicht. Dann kam einer, der wusste das nicht und hat es einfach gemacht!« Mein Geheimrezept für die Umsetzung von »Ich-Projekten«.

Ecken und Kanten machen das Leben rund: Der Beachvolleyballspieler Julius Brink

Wann war ihm klar, dass er jetzt alles auf eine Karte setzen wollte und die Chance hatte, ganz nach oben zu kommen? Als er begonnen hatte, mehr und mehr zu trainieren. Da wusste er zwar noch nicht, wohin die Reise geht. Außer, dass sie nach oben gehen sollte. Aber was heißt schon ganz nach oben? Letztlich blieben das für ihn auch immer nur Momentaufnahmen. Das angestrebte Ziel hieß damals, Individualität zu bewahren und dennoch ein hohes Maß an Teamwork zu leisten. Ein hochkomplexes Unterfangen für Jonas Reckermann und ihn. Das war nur möglich durch die konkrete Umsetzung von Erfahrungen aus unterschiedlichsten Konstellationen. Und die Zusammenarbeit mit cleveren Trainern. Diese Kombination war der Schlüssel zum Erfolg. Die Olympiateilnahme in Peking 2008 und das dortige »Versagen« waren außerdem ein entscheidender Meilenstein für das olympische Gold 2012.

Von heute aus betrachtet, scheint die Niederlage 2008 fast wie ein notwendiger Schritt. Damals konnte das das Team allerdings nicht so sehen. Im Gegenteil. Wirklich bewusst wurde Julius Brink, dass er tatsächlich um die Goldmedaille bei der Olympiade in London spielte, erst beim Stand von 14:11 im dritten Satz. Matchball. Ziemlich spät also. Was dabei herauskam, hat ganz Deutschland miterleben dürfen. Entscheidend für diese große Karriere waren sicher Julius Brinks unbändiger Wille, etwas erreichen zu wollen. Beziehungsweise zu erfahren, wie weit er tatsächlich kommen kann. Grenzerfahrung pur. Er hat dabei jede Menge Fehler gemacht. Aber sie sind für ihn auch heute noch Grundvoraussetzung für den Erfolg. Er war nie everybody's darling und war mit seinen Ecken und Kanten nicht unumstritten. Anscheinend können auch oder gerade solche Typen mit dieser besonderen Attitude Olympiasieger werden. Ein kritischer Geist und ein Anecker hat Sportgeschichte geschrieben. Das macht Hoffung und Lust auf mehr. Denn »only boring people are boring«!

Ich mache nur Fehler,
damit die anderen nicht merken,
wie gut ich bin!

Schön wär's. Aber die Ausrede ist gut. Doch oft stehen wir vor dem Dilemma, dass wir selbst um unsere Fehler wissen, die anderen aber nie etwas zu uns sagen. Wir erahnen das Problem, allein uns fehlt der Zugang, weil wir in unseren Emotionen gefangen sind. Wenn wir andere um ihre Meinung und Einschätzung zu unseren Ideen, Vorschlägen oder Lösungsansätzen für unser »Ich-Projekt« bitten, versuchen alle Parteien, sich möglichst verletzungsarm zu verhalten. Wir bekommen oft falsche Komplimente, aber kein brauchbares Feedback. Als wolle man uns in Watte packen. Häufig hören wir Sätze mit ungefährlichen Formulierungen und unkonkreten Weichspüler-Aussagen. Man konzentriert sich auf die positiven Aspekte, was an sich ein schöner Ansatz, aber manchmal einfach nicht zielführend ist.

Wenn ich mir selbst nicht sicher bin und spüre, dass mein »Ich-Projekt« nicht stimmig ist, will ich keine Streicheleinheiten bekommen, sondern konstruktive Kritik. »An uncomfortable feeling is not an enemy. It's a gift that says, ›Get honest; inquire.‹«, meint Byron Katie. Und sie hat recht. Wir brauchen keine Schaumschläger und Um-den-heißen-Brei-Redner. Wir brauchen die Wahrheit. Erinnern Sie sich noch daran, wie Sie sich als Kind fühlten, wenn ein Pflaster entfernt werden musste? Ein kurzer heftiger Schmerz ist allemal besser als ein langwieriger Schmerzprozess, in der vagen Hoffnung auf Schmerzfreiheit. Genauso ist es mit der Wahrheit.

Bitten Sie Ihr Gegenüber darum, die Samthandschuhe auszuziehen und stattdessen die Boxhandschuhe anzuziehen. Ändern Sie die Formulierung, mit der sie um Feedback bitten. Fragen Sie nicht, ob Sie auf dem richtigen Weg sind! Fragen Sie danach, was bei Ihrem »Ich-Projekt« falsch läuft! Die Antwort wird vielleicht nicht leicht zu verdauen sein, aber sie bringt Sie wesentlich weiter als alles andere. Es handelt sich schließlich um eine ehrlich gemeinte Einschätzung. Ihr Gegenüber wird versuchen, so ehrlich wie möglich und so konkret wie nötig zu sein. Nach einem kurzen Schock werden Sie ins Grübeln kommen. Profitieren Sie von der Einschätzung anderer, übernehmen Sie so viel, wie Sie brauchen können, um weiter zu machen. Diese Munition dient dem am meisten, der am härtesten mit Ihnen ins Gericht geht. Sie ahnen es schon: Das sind Sie selbst! Suchen Sie die Schuld nicht bei anderen. Verstecken Sie sich nicht vor der Verantwortung.

Zeigen Sie Flagge.

Machen Sie keine halben Sachen in solchen Situationen. Diese Momente der Erkenntnis sind kostbar und zu wertvoll, um gleich wieder unter den Teppich gekehrt zu werden. Schauen Sie auf das »Ich-Projekt« wie in einen Spiegel und stellen Sie sich dem, was Sie dort sehen. Es ist wichtig und richtig. Sie werden dafür hohe Anerkennung erfahren. Von allen Seiten. Samuel Beckett, Godfather des Scheiterns, hat geschrieben: »Alles seit je. Nie was anderes. Immer versucht. Immer gescheitert. Einerlei. Wieder versuchen. Wieder scheitern. Besser scheitern!« Scheitern ist die einmalige Chance, etwas zu lernen. Um gescheiter zu scheitern. Das geht nur, wenn wir aufrichtig zu uns und anderen sind.

Vom Querkopf zum Publikumsliebling: Der Diskuswerfer Robert Harting

Er habe noch nie ein so intensives Glücksgefühl erfahren wie nach dem Olympiasieg in London 2012, so Robert Harting. Plötzlich hatte er Spaß am Leben. Er saß bei Beckmann, Lanz und Raab. Machte Werbung für ein Möbelhaus und eine Bank. »Die sportliche Leistung ist immer nur die Basis.« Darauf packt er gerne Emotionen. Robert Harting und das Glück also. Er ist das, was man gemeinhin einen »Typen« nennt. »Wenn mich etwas ankotzt, sage ich es!« Er galt als Krawallmacher und Unruhestifter. »Ich bin halt der Böse!« Er gefiel sich lange in der Rolle. Der Underdog aus der Plattenbausiedlung in Cottbus. Mittlerweile ist er gefragt, weil er etwas zu sagen hat. Er weiß, dass man ihm inzwischen zuhört. Er lässt sich nicht einfach nur benutzen und als gelungenes Produkt deutscher Sportförderung verkaufen. Er macht immer noch den Mund auf. Wenn er dabei auch zuerst an sich denkt, hilft er automatisch auch vielen anderen.

Wer ist denn nun der echte Robert Harting? »Ich bin keine Zirkusfigur. Man hat immer mehrere Identitäten, die mit 100 Prozent Elan und Authentizität bespielt werden.« Er studiert Gesellschafts- und Wirtschaftskommunikation an der Universität der Künste in Berlin. Nebenbei malt er. Und er sortierte nach dem Olympiasieg in London sein Leben neu. Er organisierte seinen Umzug in einen selbst entworfenen Industriekomplex. Und baute sein Trainingsumfeld neu auf. Er holte einen ehemaligen Konkurrenten als Trainer, einen, der ihm die schwerste Niederlage seiner Karriere beigebracht hatte. Ein Ansporn und ein Zeichen für seinen starken Charakter. Harting will weg vom »grimmigen« Sieger, hin zu einem »gut gelaunten«. Das bedeute allerdings nicht weniger Ehrgeiz, sondern mehr Freude an der Sache. Zum Konzept gehört auch die Fähigkeit zur Entspannung. Erholung ist Teil der Leistung. Auf die Frage, welche Sendung er lieber schaue: »Tatort oder Shopping-Queen?«, beichtet er »Shopping-Queen!« Werbung würde der mit knapp über zwei Meter große Hüne gerne für Fruchtzwerge machen. Humor hat der Mann.

»Den perfekten Wurf meines Lebens hatte ich noch nicht«, sagt Harting. Darum also geht es in der Zukunft. Er hat immer noch diesen Ehrgeiz und diesen Willen, um weiter die Weltherrschaft anzustreben. Sechs Jahre regiert er schon mit seiner »Urkraft«. Nun stimmt auch die innere Balance wieder. Eine Grundvoraussetzung, um auch weiterhin im Clinch mit Funktionären und Verbänden eine furchtlose

Rolle spielen zu können. Keiner kritisiert die Sportförderung der deutschen Leistungssportler schonungsloser und in aller Öffentlichkeit so wie er. Doch bei der Kritik belässt er es nicht. Er sucht auch nach Lösungswegen aus dem Dilemma. Sein Sportlotterie-Projekt zur Unterstützung von Leistungsträgern im Sport ist hier wegweisend. Die Idee dazu stammt aus England, wo sie die Briten für London 2012 olympiareif machte. Irgendwie freut er sich allerdings auch schon auf die Zeit nach dem Sport. »Da werde ich zu einem neuen Charakter mutieren. Hoffentlich zu einem guten!«

Ein »Ich-Projekt« braucht emotionale Airbags

- Hilfsbereitschaft: Praktizieren Sie Fürsorge und Wertschätzung, engagieren Sie sich im Ehrenamt und für gemeinnützige Projekte, geben Sie Dankbarkeit einen Rahmen und die nötige Zeit!
- Einfühlsamkeit: Höflichkeit, Verständnis, Rücksichtnahme und Toleranz im Umgang mit anderen gehören zum Tagesgeschäft. Niemand ist der Nabel der Welt und sollte sich auch nicht so aufführen.
- Konsequenz im Vorleben eigener Werte: Fairness sollte Ihr Handeln bestimmen.
- Negative Gefühle: Respektieren Sie Ihre eigenen emotionalen Krisengefühle und die anderer Menschen. Seien Sie sensibel. Halten Sie sich an die Regeln einer verletzungsarmen Kommunikation.

Empathie und Einfühlungsvermögen halten Sie in kritischen Momenten Ihres Ich-Projekts über Wasser.

Ideen wollen Realität werden

Neue Ideen sind nicht wirklich neu. Da können andere lästern, so viel sie wollen. Inspiration stammt aus dem unermesslichen Pool der bestehenden Ideen, die unsere Welt bevölkern. Wir sammeln und sortieren sie nur neu und bringen sie in neue Zusammenhänge, indem wir sie anders interpretieren und weiterentwickeln. Oftmals verblüffend einfach und überraschend simpel. Wenn wir unsere Ideen mit anderen teilen, werden wir Teil eines Ideen-Kosmos. Die Weitergabe von Wissen und Erfindungen macht uns geistig freier und wacher. Wir verabschieden uns von der Sorge des geistigen Diebstahls und lassen unsere Kompetenzen fließen. Vielleicht entsteht dadurch zusätzlich etwas Neues. Das Gefühl von Freiheit durch Loslassen verschiebt geistige Grenzen und lässt uns neugierig schauen, was andere für Ideen haben.

Aus früherem Besitzstreben entsteht ein fruchtbares Miteinander ständiger gedanklicher Auseinandersetzung. Das Festhalten aufzugeben ist ein schwieriges Unterfangen, aber es lohnt sich mit der Zeit. Denn Sie entwickeln mehr durch Austausch als durch das Sammeln und Hamstern von Gedankengut. Sie öffnen sich für neue »Ich-Projekte«. Tatsächlich erhalten Sie mehr, als Sie aufgeben. »Don't try to be original, just try to be good!« Wer neue Wege geht, erntet selten reine Zustimmung. Manche zerreißen sich das Maul. Aber lassen Sie sich davon nicht irritieren. Es kann doch im Leben nicht nur darum gehen, ausgetretene Pfade zu gehen. Sondern darum, Wege zu gehen, die bislang noch niemand gegangen ist.

Der amerikanische Dichter Robert Frost schreibt: »Im Wald zwei Wege boten sich mir dar und ich nahm den, der weniger betreten war. Und dies änderte mein Leben!« Darum geht es doch. Ein neuer Weg ist anders und manchmal überflüssig. Dazu muss man ihn aber erst mal finden und gehen. Das ist ein Risiko. Sie haben ein »Ich-Projekt« auf dem Weg? Sie werden Ihren Weg ausprobieren müssen und ausprobieren wollen. Wenn nicht, existiert er nicht. Es ist anstrengend. Es verursacht Angstlust. Es macht Sinn und Spaß. Der Weg ist mühsam und anspruchsvoll. Wenn Sie ein »Ich-Projekt« umsetzen wollen, bleiben Sie nicht in der Planung stecken.

Heutzutage macht das Modell des Crowdfunding vieles einfacher. Gedankenspiele können Realität werden. Allein in der Fantasie existiert ein »Ich-Projekt« nicht wirklich. Dann handelt es sich nur um eine Kopfgeburt. Es braucht die konkrete Umsetzung. Sie allein können es Wirklichkeit werden lassen. Oder mit Unterstützung der Methodik des Crowdfundings. Oder indem Sie die Schwarmintelligenz des echten Crowdfundings nutzen. Mithilfe von Menschen, die Ihnen vertrauen, die Sie begeistern konnten. Für die entscheidenden Schritte auf dem Weg zur Realisation Ihres »Ich-Projekts«. Es braucht nicht fertig zu sein, aber es muss nachvollziehbar und vorstellbar sein. Selbst erklärend. Ein gedankliches Modell reicht manchmal einfach nicht aus. Konkretheit gewinnt weitere Anhänger. Auch wenn der Weg zu Beginn nicht begehbar scheint, gehen Sie ihn trotzdem, sonst kann er nicht entstehen. Bleiben Sie nicht in der Vorstellung stecken. Tatsachen schaffen Wirklichkeit.

Ihr »Ich-Projekt« ist Gast bei einer Talkshow

Stellen Sie sich vor, Sie finden heraus, dass das Leben in Wahrheit eine Talkshow ist. Sind Sie zufrieden mit Ihrem bisherigen »Ich-Projekt»? Gibt es etwas, das Sie heute bereuen? Gibt es Ideen, die noch kein Podium bekommen haben? Wenn ja, welche sind es?
Entwickeln Sie eine griffige Präsentation Ihres »Ich-Projekts«. Drei wesentliche Punkte der Relevanz für Sie und andere. Eine Art kompakte »Instant-Präsentation«. Eine gute Drehbuchidee sollte man bei einem Pitch in einem Satz zusammenfassen können. Der sogenannten »Logline«. Dann hat Ihr »Ich-Projekt« Klasse, Format und Potential. Hauptaussage und Alleinstellungsmerkmal sind dabei zentral.

Das »Ich-Projekt«-Manifest

- Change bedeutet Chance.
- Menschen sind Möglichkeiten.
- Stärken sind wichtiger als Qualifikationen.
- Handeln ist besser als Vorsicht.
- Neugier ist Macht.
- Ängste sind Risiken.
- Mut ist klug.
- Prinzipien bilden Rückgrat.
- Werte schaffen Identität.
- Crowdfunding ist eine Denkstrategie.
- Anders als die anderen.
- Konsequenz braucht langen Atem.
- Schöner Scheitern ist möglich.
- Relevanz hat Zukunft.

»Wo sich deine Talente mit den Bedürfnissen der Welt kreuzen, da liegt deine Berufung!«

Aristoteles

»Wenn du erst einmal im Fluss bist, erreichst du auch das Meer! Frei nach dem Motto: Lebe so, dass deine Geschichte Zukunft hat.«

An-hang

Danksagung

Felix Neureuther, Gregor Schlierenzauer und Sven Hannawald für die Inspiration.
Stefan Keulen und Kara Pientka für die Gespräche.
Danny Frede für Homepage, Foto und Design.
List auf Sylt. Björn und Helga Nicolaisen für die Heimat beim Schreiben.

Literatur

Asgodom, Sabine: *So coache ich! 25 überraschende Impulse, mit denen Sie erfolgreicher werden*. Kösel 2012

Baréz-Brown, Chris: *Free! Love your work, love your live*. Penguin 2014

Biswas-Diener, Robert: *Practicing Positive Psychology. Coaching*. Wiley & Sons 2010

Bock, Petra: *Mindfuck – Das Coaching: Wie Sie mentale Selbstsabotage überwinden*. Knaur 2013

Bosshart, David: *The Age Of Less. Die neue Wohlstandsformel der westlichen Welt*. Murmann 2011

Csikszentmihalyi, Mihaly: *Flow – der Weg zum Glück. Der Entdecker des Flow-Prinzips erklärt seine Lebensphilosophie*. Herder 2010

Cyrulnik, Boris: *Rette dich, das Leben ruft!* Ullstein 2013

Edwards, Johanna: *How to Be Cool*. Berkley 2007

Gladwell, Malcolm: *Überflieger. Warum manche Menschen erfolgreich sind – und andere nicht*. Piper 2010

Gnarr, Jón: *Hören Sie gut zu und wiederholen Sie: Wie ich einmal Bürgermeister wurde und die Welt veränderte*. Tropen 2014

Grant, Adam: *Geben und Nehmen: Erfolgreich sein zum Vorteil aller*. Droemer 2013

Hannawald, Sven: *Mein Höhenflug, mein Absturz, meine Landung im Leben*. Zabert Sandmann 2013

Hawemann, Horst: *Leben üben. Improvisationen und Notate*. Theater der Zeit 2014

Heinze, Timo: *Nachspielzeit. Eine unvollendete Fußballkarriere*. rororo 2012

James, Aaron: *Arschlöcher – eine Theorie*. Riemann 2014

Kline, Nancy: *Time to Think. Listening to Ignite the Human Mind.* Cassell Octopus 1998
Köthe, Mathias: *Leidenschaft siegt. Von den Besten lernen: Prominente verraten ihr Erfolgsgeheimnis.* Kösel 2006
Metzner, Michael Stefan: *Achtsamkeit und Humor. Das Immunsystem des Geistes.* Schattauer 2012
Neureuther, Felix: *Beweg dich schlau! mit Felix Neureuther.* Nymphenburger 2014
Niemeyer, Oscar: *Wir müssen die Welt verändern.* Antje Kunstmann 2013
Pausch, Randy; Zaslow, Jeffrey: *Last Lecture. Die Lehren meines Lebens.* Goldmann 2009
Pointner, Alexander: *Mut zum Absprung: So entstehen Höhenflüge.* Seifert 2014

Rubin, Gretchen: *Das Happiness-Projekt: Oder: Wie ich ein Jahr damit verbrachte, mich um meine Freunde zu kümmern, den Kleiderschrank auszumisten, Philosophen zu lesen und überhaupt mehr Freude am Leben zu haben.* Fischer 2011
Scheer, Stefan; Turiak, Tim: *Innovation Stuntmen: Menschen, die unsere Welt neu erfinden.* Campus 2013
Schirach von, Ariadne: *Du sollst nicht funktionieren. Für eine neue Lebenskunst.* Tropen 2014
Seligman, Martin: *Wie Menschen aufblühen: Die Positive Psychologie des gelingenden Lebens.* Kösel 2012
Teller, Janne: *Nichts. Was im Leben wichtig ist.* dtv 2012
Templar, Richard: *The rules to break. A Personal Code for Living Your Life Your Way.* Pearson
Waters, John: *Role Models.* Farrar, Straus and Giroux
Welzer, Harald: *Selbst denken! Eine Anleitung zum Widerstand.* Fischer 2014
Westermann, Christine: *Da geht noch was. Mit 65 in die Kurve.* Kiepenheuer & Witsch 2013

Der Autor

Jonathan Briefs ist Flow-Coach, Kommunikationstrainer und Humorberater. Er gehört zu den außergewöhnlichsten Coachs Deutschlands. Er coachte unter anderem die österreichische Nationalmannschaft der Skispringer um Gregor Schlierenzauer sowie Felix Neureuther im Team der deutschen Herren-Ski-Alpin-Mannschaft. Jonathan Briefs ist als Redner und Coach für Führungskräfte, Medienschaffende und Unternehmen im deutschsprachigen In- und Ausland tätig. Als Dozent ist er für Martina Schmidt-Tanger im Einsatz.

www.jonathan-briefs.de

Anleitung zum Misserfolg
JONATHAN BRIEFS
Ich habe keine Lösung
... aber ich bewundere das Problem
Coaching
Provokatives Coaching für den Berufsalltag
Kösel
Pappband | 176 Seiten
ISBN 978-3-466-30950-4
»Jonathan Briefs treibt Denkfehler provokant auf die Spitze – und inspiriert uns dazu, es endlich besser zu machen. Für mehr Erfüllung und Erfolg im Leben.«
Dr. Petra Bock, Top-Coach und Bestsellerautorin
Kösel
www.koesel.de